कामायनी का पुनर्मूल्यांकन

कामायनी का पुनर्मूल्यांकन

रामस्वरूप चतुर्वेदी

लोकभारती प्रकाशन

लोकभारती प्रकाशन
पहली मंजिल, दरबारी बिल्डिंग, महात्मा गाँधी मार्ग
इलाहाबाद-211 001
वेबसाइट : www.lokbhartiprakashan.com
ईमेल : info@lokbhartiprakashan.com
शाखाएँ : 1-बी, नेताजी सुभाष मार्ग, दरियागंज
नई दिल्ली-110 002
अशोक राजपथ, साइंस कॉलेज के सामने
पटना-800 006 (बिहार)
36-ए, शेक्सपियर सरणी
कोलकाता-700 017

प्रथम संस्करण : 1969
नवम् संस्करण : 2022
मूल्य : ₹ 150

जे.के. आर्ट प्रेस
प्रयागराज द्वारा मुद्रित

KAMAYANI KA PUNARMULYANKAN
Dr. Ramswarup Chaturvedi

ISBN : 978-81-8031-073-7

उमा जी के लिए

'कामायनी' हर आधुनिक समीक्षक, और रचनाकार के लिए भी, परीक्षा-स्थल है। फिर मैं तो यों भी अध्येता हूँ। पर अब इसे और सांग रूपक नहीं बनाऊँगा, क्योंकि उत्तरार्द्ध आप स्वयं जानते हैं, आप उसमें हैं। परीक्षा की प्रेरणा और शुरुआत प्रयाग की 'विवेचना' गोष्ठी (१९६७ ई०) से संबंधित है। अत: इस अवसर पर 'विवेचना' तथा उसके संयोजक श्री वाचस्पति पाठक—जिनका संबंध प्रसाद-साहित्य तथा 'कामायनी' से कई रूपों में है—का साभार स्मरण उचित और स्वाभाविक होगा।

७-१०-६९ —रामस्वरूप चतुर्वेदी

द्वितीय संस्करण

पुस्तक के इस नये संस्करण में 'कामायनी' के पांडुलिपि-रूप के संबंध में एक परिशिष्ट जोड़ दिया गया है।

—रामस्वरूप चतुर्वेदी

१

पुनर्मूल्यांकन की बात साहित्य में तब आती है, जब किसी रचना,कवि अथवा युगविशेष को देखने-परखने की दृष्टि में गुणात्मक अंतर आ जाय। हर समय की दृष्टि से-अगला-मूल्यांकन पुनर्मूल्यांकन नहीं होगा, क्योंकि संभव है कि वह पिछले मूल्यांकन का ही विस्तार अथवा पूरक हो। पुनर्मूल्यांकन एक साथ ही रचना और प्रचलित समीक्षा-दृष्टि, दोनों का होता है। इस माने में पुनर्मूल्यांकन की प्रक्रिया साहित्य-बोध के नये स्तर को उद्घाटित करती है। समकालीन साहित्य के मूल्यांकन की प्रक्रिया में गुणात्मक परिवर्तन होता है तो पिछले युगों के साहित्य का पुनर्मूल्यांकन एक स्वाभाविक और अनिवार्य परिणाम होगा, क्योंकि साहित्य मात्र के मूल्यांकन की प्रक्रिया एकतान होगी। यों पुनर्मूल्यांकन के माध्यम से हम युग-युग के साहित्य को समकालीन जीवन से जोड़ते चलते हैं।

तब स्वभावतः प्रश्न उठता है कि क्या आधुनिक साहित्य-चिंतन की प्रक्रिया में पिछली समीक्षा-पद्धति की तुलना में ऐसा कोई गुणात्मक परिवर्तन आया है? वस्तुतः इस प्रश्न का उत्तर तो इस पूरे निबंध को ही देना चाहिए। इस पुनर्मूल्यांकन का प्रमुख आधार और वैशिष्ट्य यही है कि पुराने समीक्षक जहाँ रचना के अर्थ और अनुभव को शास्त्र के विभिन्न उपकरणों के माध्यम से बाँध कर रखना चाहते हैं, वहाँ आधुनिक समीक्षा अर्थ और अनुभव को उन्मुक्त तथा विकसनशील रखना चाहती है, क्योंकि अनुभव की जीवंत, सुकुमार और संवेदनशील प्रक्रिया को अक्षत बनाये रखने का यही एक तरीका है। यही कारण है कि परंपरित समीक्षा में अर्थ खत्म हो जाता है, कर दिया जाता है, जब कि नया साहित्य-चिंतन अर्थ और अनुभव को कम से कम क्षरित होने देता है। अनुभव के संश्लिष्ट रूप को संप्रेषित करना रचना की कृतकृत्यता है, और इस संप्रेषण की प्रक्रिया को प्रशस्त और समृद्ध बनाना समीक्षा का कार्य है, जो निश्चय ही एक अर्थ में बहुत बड़ी चुनौती है। समीक्षा की सार्थकता को जाँचने का यही एक आधार हो सकता है कि उसने रचना के अनुभव को कहाँ तक प्रशस्त और विकसनशील बनाया है। उसके वैशिष्ट्य को कहाँ तक पहचाना है।

और ऐसी समीक्षा तभी संभव है जब कि हम रचना को वास्तु शिल्प, मूर्ति या चित्र की तरह किसी स्तर पर समग्रता में, उसके अनुभव की संश्लिष्टता में देखने का यत्न करें। पर हिंदी की पिछली समीक्षा ने परंपरागत भारतीय चिंतन के सूक्ष्म पक्षों को उपेक्षित कर के अधिकतर उसके बाहरी वर्गीकरण पक्ष को ही लिया है। यही कारण है कि संश्लिष्ट रचना—'साहित्य'—की समीक्षा हिंदी के आलोचक अधिकतर वर्गीकरण की सहायता और खंड-दृष्टि के माध्यम से करते हैं। 'कामायनी' का मूल्यांकन भी अब तक बहुत कुछ ऐसी ही पद्धति से हुआ है।

'कामायनी' को समझने की अब तक की पद्धतियाँ रही हैं—महाकाव्य के रूप में, रूपक के रूप में, ऐतिहासिक इतिवृत्त के रूप में, दार्शनिक रचना के रूप में, या ऐसे ही कुछ अन्य पक्षों को आधार बना कर। पर 'कामायनी' को महाकाव्य की दृष्टि से देखना या कि उसके चरित्रांकन की व्याख्या करना, उसमें रस की स्थापना करना या रूपकत्व पर बल देना या उसके दर्शन को महत्व देने लगना आधुनिक हिंदी काव्य की एक महत्वपूर्ण रचना के वैशिष्ट्य को अनदेखा करने का सफल प्रयत्न है।

'कामायनी' को महाकाव्य कह कर हम इस कृति के विशिष्ट और समग्र विधान की प्रायः सबसे अधिक उपेक्षा करते हैं। हिंदी समीक्षा में यह चलन है, लगभग अंध विश्वास के स्तर पर, कि बिना किसी रचना को महाकाव्य कहे हम उसे श्रेष्ठ और महत्वपूर्ण घोषित नहीं कर सकते। और महाकाव्य होने के लिए कुछ नियम हैं, शर्तें हैं। तो समीक्षा की प्रचलित पद्धति यह है कि किसी महत्वाकांक्षी रचना को महाकाव्य की कसौटी पर कसा जाय, फिर कहा जाय कि महाकाव्यत्व की दृष्टि से इसमें अमुक-अमुक त्रुटियाँ हैं, और फिर समीक्षक की मर्ज़ी है कि इन त्रुटियों आदि को देखते हुए उस रचना को महाकाव्य घोषित करे या न करे। (समीक्षक की अनिश्चय-वृत्ति को समझते हुए कुछ कवियों ने तो इसलिए स्वयं अपनी कृति को महाकाव्य कह कर ही प्रस्तुत किया।) यहाँ यह बड़ी सुविधा से भुला दिया जाता है कि महाकाव्य के संदर्भ में लेखक की जो त्रुटियाँ आँकी गयी हैं वे ही तो उस रचना का विशिष्ट विधान हैं, जिसे रचनाकार ने बड़ी मेहनत और अंतर्दृष्टि के साथ विकसित किया है। तो महाकाव्य के रूप में किसी रचना को जाँचने में बराबर यह हुआ है कि जिन रूढ़ियों को कवि ने तोड़ा है उन्हें बलात् ढूँढ़ने की कोशिश की जाय, और पूरी रचना के जिस विशिष्ट विधान को उसने विकसित किया है, उसे नजरअंदाज कर दिया जाय। 'कामायनी' के महाकाव्यत्व के सिलसिले में मंगलाचरण और नायक की खोज तथा कथा

के औदात्य का विश्लेषण ऐसी ही चेष्टाएँ है।

रूपक या 'ऐलेगरी' के तौर पर 'कामायनी' को देख कर उसमें प्रस्तुत और अप्रस्तुत कथाओं की जाँच होती है, और एक के पात्र को दूसरे में सही-सही बैठाने के लिए काफ़ी परिश्रम किया जाता है, और इस तरह 'तन चितउर मन राजा कीन्हा' की विस्तृत गद्यावृत्ति होती है। यहाँ भी 'कामायनी' के सूक्ष्म विधान की यह विशेषता नहीं समझी जाती कि 'कामायनी' की रचना दो अर्थ-स्तरों पर जरूर चलती है। पर अर्थ के ये दोनों स्तर परस्पर एक दूसरे से संश्लिष्ट हैं, इसीलिए एक विराटतर अर्थ की सृष्टि करते हैं। और इस दृष्टि से एक स्तर के चरित्र की दूसरे स्तर में ले जा कर संगति बैठाने की कोई जरूरत नहीं है। वैसा तो तब अपेक्षित था, जब कि दोनों अर्थ-स्तर दो अलग-अलग प्रकृति के जीवन-क्षेत्रों से लिये गये होते।

ऐतिहासिक इतिवृत्त या स्थूल घटना-क्रम को बल देने पर कुछ दूसरे प्रकार की भ्रांतियाँ उत्पन्न होती हैं। इसका एक परिणाम यह निकलता है कि 'कामायनी' के चरित्रों को 'रामचरितमानस' के वास्तविक चरित्र राम, भरत, सीता, कैकेयी जैसा मान लिया जाता है, और फिर मनु को धृष्ट नायक की संज्ञा दी जाती है तथा मनु-श्रद्धा-इड़ा के परंपरित त्रिकोण में इड़ा को खलनायिका या 'कूटयंत्र चालिका' कहा जाता है। और 'कामायनी' के सांकेतिक घटनाक्रम को स्थूल इतिवृत्त मान कर मनु-श्रद्धा की कैलास-यात्रा को पलायनवादी कह कर उसकी आलोचना की जाती है।

'कामायनी' को दर्शन-प्रधान रचना मान कर उसकी व्याख्या भी पंडितों में काफी प्रचलित है। शैवागम की पारिभाषिक शब्दावली काल, नियति, राग आदि को ले कर इड़ा सर्ग के 'संकुचित असीम अमोघ शक्ति!' छंद की व्याख्या की जाती है। इसकी अतिवादी स्थिति वहाँ पहुँचती है जहाँ 'कामायनी' को लगभग शैवागम की एक छंदोबद्ध व्याख्या जैसा मान लिया जाता है। इन समीक्षकों को यह अंदाज नहीं कि 'कामायनी' में जहाँ दर्शन ने रचना को छा लिया है यानी अंतिम तीन सर्गों दर्शन, रहस्य और आनंद में, वहाँ 'रामचरितमानस' के उत्तरकांड की तरह काव्य की प्रक्रिया विलुप्त हो गयी है। रचना में दर्शन का कोई अर्थ तभी है जब कि वह अनुभव के स्तर पर आये न कि विवेचन के रूप में।

प्राय: इन्हीं इकहरी दृष्टियों से—आचार्य शुक्ल के इतिहास को यदि प्रस्थानबिंदु मानें तो—पिछले पचीस वर्षों के दौरान 'कामायनी' जैसी

अनुभव-संकुल और संश्लिष्ट रचना की समीक्षा की गयी है। इसीलिए कोई आश्चर्य नहीं कि 'कामायनी' को ले कर हिंदी के समीक्षक, पाठक और सामान्य जनता में कई प्रकार के विभ्रम फैले हुए हैं। यह एक प्रकट तथ्य है कि आचार्य रामचंद्र शुक्ल की सहानुभूति छायावादी काव्य के साथ कम थी। इसलिए आश्चर्य इस बात पर नहीं होता कि शुक्ल जी छायावाद और उसकी श्रेष्ठ कृति 'कामायनी' के साथ न्याय नहीं कर सके हैं, वरन् इस बात पर होता है कि अपने पूर्वग्रहों के बावजूद वे छायावादी कृतित्व का इतनी दूर तक विश्लेषण कर सके हैं। अपने 'हिंदी साहित्य का इतिहास' में उन्होंने 'कामायनी' के महत्व को समझा है, और कहा है : "यह काव्य बड़ी विशद कल्पनाओं और मार्मिक उक्तियों से पूर्ण है....इस प्रकार प्रसाद जी प्रबंध-क्षेत्र में भी छायावाद की चित्रप्रधान और लाक्षणिक शैली की सफलता की आशा बँधा गये हैं।" (पृष्ठ ६०२, ६०५) पर महत्व का अनुभव करते हुए भी आचार्य शुक्ल 'कामायनी' की आस्वादन-प्रक्रिया को स्पष्ट और प्रशस्त नहीं कर सके हैं, और इसका एक प्रधान कारण यह है कि रहस्यवाद के संबंध में शुक्ल जी की अपनी एक दृढ़ धारणा थी, जिससे 'कामायनी' के रहस्यवाद का मेल नहीं खाता।

इस एक विशेष समस्या को लेकर नंददुलारे वाजपेयी ने आचार्य शुक्ल के विभ्रम का अच्छा स्पष्टीकरण किया है। शुक्ल जी की दृष्टि में रहस्यवाद बिना आध्यात्मिक सत्ता को केंद्र में रखे संभव नहीं हो सकता, पर नंददुलारे वाजपेयी ने दिखाया है कि नये छायावादी काव्य की यह विशेषता है कि वह यथार्थोन्मुख मानव-रहस्य को केंद्र में रख कर चलता है। उन्हीं के शब्द हैं: "किन्तु शुक्ल जी इस यथार्थोन्मुख मानव रहस्य-काव्य और उस आदर्शवादी अध्यात्म-काव्य के मौलिक अन्तर की ओर ध्यान नहीं देते। आदर्श और यथार्थ का संपूर्ण मनोविज्ञान ही एक दूसरे से पृथक् हो गया है।" (जयशंकर प्रसाद, पृ० ७२) विवेचन के इस विंदु पर हमें कहना होगा कि छायावाद और विशेषत: प्रसाद तथा 'कामायनी' की शक्ति और संभावना का जैसा क्षमतापूर्ण आख्यान वाजपेयी ने किया है, वैसा इस युग का कोई दूसरा आलोचक नहीं कर सका। छायावादी काव्य की रहस्य-भावना को मध्ययुगीन कवियों की अध्यात्मपरक रहस्य-साधना से अलग करके दिखा सकना उनकी सूक्ष्म साहित्यिक परख का एक बड़ा प्रमाण है। इसी तरह मैथिलीशरण गुप्त और प्रेमचंद की अपेक्षया सरल रचना-पद्धति को एक ओर रख कर उसकी तुलना में प्रसाद की रचना-शक्ति का बढ़िया विश्लेषण उन्होंने किया है।

पर जैसा मैंने पहले संकेत किया, रचना को समग्र रूप में अनुभावित करने की शक्ति इस युग की समीक्षा में विकसित न हो सकी। 'कामायनी' की रचनात्मक दृष्टि को एक सीमा तक पकड़ने के बावजूद कृति के समूचे विधान का विश्लेषण वाजपेयी ने भी निहायत काव्यशास्त्रीय और चलते ढंग से किया है। उनके विवेचन में 'कामायनी का काव्यत्व' उपशीर्षक के अंतर्गत जो चर्चा है वह अत्यंत संक्षिप्त और अपर्याप्त है। 'कामायनी का दार्शनिक निरूपण' को उन्होंने छह पृष्ठ दिए हैं, जब कि 'कामायनी का काव्यत्व' एक ही पृष्ठ में विवेचित हो जाता है, जिसमें अधिकतर रूपक-अन्योक्ति की सैद्धांतिक चर्चा है, 'कामायनी' की काव्यप्रक्रिया का विश्लेषण नहीं है। फिर 'वस्तु-वर्णन और निरूपण' के अंतर्गत यह मानते हुए भी कि 'प्रसाद जी वास्तविक अनुभूतिशील कवि थे, वे रीतिवादी रचनाकार नहीं थे' (वही, पृष्ठ १११) वाजपेयी ने सारा विवेचन रस और अलंकार के रूढ़ माध्यम से किया है। इस तरह 'कामायनी' की रचना-दृष्टि का सही ढंग से उद्घाटन करते हुए भी वे उसकी काव्य-क्षमता का—और समीक्षक के लिए यही तो मूल विचारणीय विषय है—विश्लेषण करने में गतिशील नहीं हो सके। प्रसाद जी द्वारा प्राचीन कथा-वस्तुओं के उपयोग के संदर्भ में उनका कहना है : "प्राचीन कथा-वस्तुओं का ग्रहण मुख्यतः इस अभिप्राय से है कि हम उस समय की उन्नतशील और सर्वतोमुखी चेतना को देखें और उसमें जो कुछ लेने लायक है, उसे लें।" (वही, पृष्ठ ७०) पर यह दृष्टि तो वस्तुतः प्रसाद के पहले की संवेदनात्मक पीढ़ी महावीरप्रसाद द्विवेदी और मैथिलीशरण गुप्त के युग की है। प्रसाद प्राचीन कथावस्तुओं को इतिहास से ले कर उन्हें वर्तमान अनुभव का अंग बनाते हैं, वह रचना चाहे 'कामायनी' हो या 'ध्रुवस्वामिनी'। इस रूप में अतीत के उपयोग को ले कर प्रसाद की दृष्टि नयी और अधिक सार्थक है, इसे नंददुलारे वाजपेयी स्पष्ट नहीं कर सके हैं।

शुक्लोत्तर पीढ़ी के एक अन्य प्रमुख समीक्षक हजारीप्रसाद द्विवेदी का मन आदि और मध्यकालीन साहित्य के बाहर बहुत कम रमा है। छायावाद को ले कर वे आचार्य शुक्ल की स्थिति से आगे नहीं बढ़े। उनकी मान्यता है : "कामायनी में आरंभ का दबा हुआ सलज्ज भाव विभिन्न सर्गों में स्पष्ट और प्रौढ़ अभिव्यक्ति पाता है। यह क्रम सिद्ध करता है कि वे गंभीर अध्ययन, चिंतन और मनन के माध्यम से अपने भीतर के सौंदर्यप्रेमी मनोभाव को रहस्यवादी कविता के आवरण में प्रकट कर सके हैं।" (हिंदी साहित्य, पृष्ठ ४७४) नितांत अनुभूति का

विषय रहस्यवाद यदि 'कविता के आवरण' के रूप में प्रयुक्त हुआ है और फिर भी कविता बनी रह सकी है, तो यह न कवि के लिए शोभन है और न रहस्यवाद के लिए ही। 'कामायनी' की एक आरंभिक समीक्षा में तो आचार्य द्विवेदी और भी अंगभीर हो गए हैं। उन्होंने लिखा है: "एक प्रकार का दर्जी होता है जो शरीर के ऊबड़-खाबड़ अवयवों के नजदीक जा कर, धैर्यपूर्वक परीक्षा करता है और प्रत्येक अंग में बैठने लायक सुंदर कुर्ता तैयार कर देता है। और एक दूसरे तरह का दर्जी होता है, जो कम परिश्रम और ज्यादा कल्पना कर के एक लम्बा-चौड़ा झूल तैयार कर देता है, जो प्रत्येक आदमी को ढँक सकता है। 'कामायनी' का कवि दूसरी श्रेणी का है।" (उद्धृत-प्रसाद और उनकी कविता, विश्वंभर 'मानव', पृष्ठ २२९) इस टिप्पणी पर सिवाय इसके और क्या कहा जा सकता है कि वह 'कामायनी' के बजाय स्वयं इस सम्मति के बारे में ही अधिक लागू होती है!

मैं माने लेता हूँ कि हजारीप्रसाद द्विवेदी ने 'कामायनी' की जैसी चिंता की जानी चाहिए, वैसी नहीं की। फिर नदंदुलारे वाजपेयी के साथ नगेन्द्र का नाम छायावाद के प्रमुख समीक्षकों में लिया जाता है। नगेन्द्र ने—और यह मैं विश्वंभर 'मानव' के साक्ष्य पर कह रहा हूँ—पहले कहीं लिखा था कि 'कामायनी' मनोविज्ञान की 'ट्रीटाइज़' है। (वही, पृ० २३३) बाद में उनकी धारणा इस कृति के बारे में कुछ बेहतर हुई, और उन्होंने फिर बड़े मनोयोग के साथ 'कामायनी' का विवेचन किया है। पर उनकी सारी दृष्टि शास्त्र से इतनी बँधी है कि उसके आगे वे रचना और उसके अनुभव को कुछ भी महत्व नहीं दे पाते। उनकी पुस्तक 'कामायनी के अध्ययन की समस्याएँ' में सारे अध्याय शास्त्रीय पक्षों को अलग-अलग ले कर चलते हैं, रचना का समग्र विवेचन कहीं नहीं होता। यही 'कामायनी' के अध्ययन की सब से बड़ी समस्या है। पूरी पुस्तक में पाँच अध्याय हैं—'कामायनी के अध्ययन-अध्यापन की समस्याएँ, 'कामायनी और महाकाव्यत्व', 'कामायनी का अंगी रस', 'कामायनी में रूपक-तत्त्व', 'कामायनी की दार्शनिक पृष्ठभूमि।' नगेन्द्र की कामायनी विषयक इस अकेली पुस्तक के अध्याय-शीर्षकों को पढ़ कर 'कामायनी' की ही पंक्तियाँ स्मरण हो आती हैं :

यही त्रिपुर है, देखा तुमने,
तीन विंदु ज्योतिर्मय इतने।

अपने केंद्र बने दुख-सुख में,
भिन्न हुए हैं ये सब कितने।
ज्ञान दूर कुछ, क्रिया भिन्न है
इच्छा क्यों पूरी हो मन की;
एक दूसरे से न मिल सके,
यह विडंबना है जीवन की।

(कामायनी, पृ० २७२)

यह अपने में सचमुच एक बहुत बड़ी विडंबना है कि समरसता जैसी जीवनदृष्टि का प्रतिपादन करने वाली कृति का ऐसी खंडित दृष्टि से अध्ययन किया जाय। आधुनिक समीक्षा-प्रक्रिया में रचना के अर्थ तथा अनुभव को जीवंत और विकसनशील बनाये रखने का प्रयत्न है,यह मैं पहले कह चुका हूँ। पर नगेन्द्र 'कामायनी' के अर्थ को पुराने काव्य-शास्त्र के साथ-साथ नये विराम-चिह्नों से भी बाँध देना चाहते हैं। ('कामायनी के अध्ययन की समस्याएँ', पृ० ६) इस माने में उनकी व्याख्या सब से अधिक रूढ़िवादी है।

'कामायनी' के असाधारण महत्त्व के कारण कृति रचनाकारों का ध्यान भी उसकी ओर बराबर आकृष्ट हुआ है। दिनकर ने काफ़ी विस्तार में और काफ़ी तैयारी के साथ एक निबंध लिखा है : 'कामायनी, दोषरहित-दूषणसहित।' शीर्षक अर्थवान है और निबंध भी बढ़िया है। नगेन्द्र ने कामायनी की इस विशिष्ट स्थिति को लांजाइनस का एक बड़ा सटीक उद्धरण दे कर व्यक्त किया है : "महान् प्रतिभा निर्दोषता से बहुत दूर होती है। क्योंकि सर्वांगीण शुद्धता में अनिवार्यतः क्षुद्रता की आशंका रहती है और औदात्य में....कुछ न कुछ छिद्र अवश्य रह जाते हैं।" (वही, पृ० १५) दिनकर के इस निबंध में 'कामायनी' को समझने की व्यग्रता है, जो कि एक समान रचना-धर्मी में होना स्वाभाविक है। पर 'कामायनी' का विधान समझने में उन्होंने भी चूक की है, जिसका मुख्य कारण इस काव्य-कृति को स्थूल घटना के धरातल पर समझने का आग्रह है। जैसा मैंने पहले कहा है, 'कामायनी' में स्थूल घटना-क्रम का महत्त्व है, पर इस स्थूल घटना-क्रम को सूक्ष्म सांकेतिक अर्थ से मिला कर ही रचना के संश्लिष्ट रूप को समझा जा सकता है। दिनकर की एक मुख्य आपत्ति यह है कि कर्म का महत्त्व प्रतिपादित करने वाले श्रद्धा और मनु अंततः संसार छोड़ कर हिमालय की गुफा में चले जाते हैं :

वे युगल वहीं अब बैठे, संसृति की सेवा करते,
संतोष और सुख देकर, सबकी दुख-ज्वाला हरते।

दिनकर का इस संदर्भ में कहना है : ''विचारने की बात यहाँ यह है कि हिमालय के शिखर पर कितनी आबादी थी, जिसकी सेवा मनु और श्रद्धा कर रहे थे। कवि का भाव, कदाचित, यह है कि जो तीर्थयात्री वहाँ पहुँचते थे, उन्हें दंपतियुगल धर्मोपदेश दिया करते थे। उपदेश देना भी सेवा के अंदर गिना जा सकता है, किन्तु सेवा का वह कर्म नहीं, ज्ञानपक्ष है।'' (पंत, प्रसाद और मैथिलीशरण, पृ० ९१) काव्यपंक्तियों का यह कोरा शाब्दिक अर्थ करना और सूक्ष्म सांकेतिक रचना को स्थूल कथा के धरातल पर व्याख्यायित करना न्यायसंगत नहीं कहा जा सकता। यहाँ हिमालय या कैलास का स्थूल रूप रचना के हल्के सांकेतिक अर्थ से अनुशासित होता है, और इसीलिए सचमुच के हिमालय की कल्पना मन में जाग्रत नहीं होती, यद्यपि अन्योक्ति की तरह का साफ अलग प्रस्तुत-अप्रस्तुत विधान भी अभिप्रेत नहीं है, क्यों कि रचना के दोनों अर्थ-स्तरों में हल्का अंतर होते हुए भी वे अलग-अलग क्षेत्रों से ग्रहीत नहीं हुए हैं।

गजानन माधव मुक्तिबोध ने कामायनी की समझ को बढ़ाने में निश्चय ही योग दिया है। विशेषत: उसे फंतासी के रूप में व्याख्यायित कर के उन्होंने रचना के स्थूल कथानक का रंग काफी हल्का कर दिया है। वे मानते हैं कि ''कामायनी जीवन की पुनर्रचना है।'' (कामायनी-एक पुनर्विचार, पृ० १४) वस्तुत: मुक्तिबोध की पुस्तक 'कामायनी' के पुनर्मूल्यांकन की पहली महत्त्वपूर्ण कोशिश है, और 'जीवन की पुनर्रचना' कह कर ही लेखक ने उसकी व्याख्या समकालीन शब्दावली में करनी चाही है। पुस्तक का शीर्षक भी है—'कामायनी-एक पुनर्विचार'। मुक्तिबोध की यह समीक्षा निश्चय ही विचारोत्तेजक है तथा और भी अधिक सार्थक हो पाती, यदि वे अपने मार्क्सवादी चिंतन को यहाँ अस्थान पर स्थापित करने का आग्रह न करते। यह वैसा ही है, जैसा कि 'कामायनी' को शैवागम के माध्यम से समझना। फिर मार्क्सवाद को लाना एक ग़लती को ठीक करने के लिए दूसरी और बड़ी ग़लती करना है। पुस्तक की एक रोचक विडंबना यह है कि 'कामायनी' को फंतासी के रूप में प्रस्तुत करते हुए भी वह अंत में मनु के हिमालय जाने को वैसे ही स्थूल घटना के रूप में स्वीकार करती है, जैसा कि दिनकर की समीक्षा में किया गया है। (वही, पृ० २६)।

अब तक तो बड़ी बेशर्मी और एक तरह के अकृतज्ञ जैसे भाव के साथ 'कामायनी' के समीक्षा-क्रम में दोष-दर्शन का कार्य करता आया हूँ। पर पुनर्मूल्यांकन की प्रक्रिया में यह अनिवार्य भूमिका है और मेरा अनुरोध है कि इसे किसी भी तरह के साहित्यिक दंभ के रूप में न ग्रहण किया जाय। अब 'कामायनी' के प्रति जैसी कुछ दृष्टि मैं विकसित कर पाया हूँ, उसका संक्षिप्त उल्लेख करूँगा, यों कुछ संकेत तो विवेचन के पिछले अंश में भी उभरे हैं। और इस दृष्टि में रचना को उसकी समग्रता में, उसके संश्लिष्ट रूप में देखने की प्रतिज्ञा अंतर्निहित है। यहाँ ज़ोड़ना चाहूँगा कि यह दृष्टि जितनी 'कामायनी' को समझने के लिये प्रयुक्त की जानी है, उतनी ही वह स्वयं 'कामायनी' तथा अन्य समकालीन कृतियों के अध्ययन से अभिप्रेरित है।

'कामायनी' के अर्थ और अनुभव को ठीक-ठीक ग्रहण करने के लिए ज़रूरी है कि हम इस रचना के समग्र विधान का वैशिष्ट्य समझें—यहाँ 'विधान' स्पष्ट ही काव्य-रूप या शैली की परंपरित धारणा से अलग है—और देखें कि वह समकालीन जीवन-दृष्टि को कहाँ किस रूप में परिपूर्ण तथा समृद्ध बनाता है। और अंत में—हीन-क्रम की दृष्टि से नहीं—यह परिलक्षित करें कि कमज़ोर आधारभाषा के बावजूद कवि के कुशल बिंब-प्रयोग कहाँ हैं, क्योंकि कवि की मुख्य भाषा तो उसके बिंबों में से ही विकसित होती है। रचना की परिकल्पना, उसका समूचा विधान और बिंब-गठन, इनको एक ही प्रक्रिया का अंग मान कर, हम 'कामायनी' का अनुभावन करने की चेष्टा करें।

हर महत्त्वपूर्ण काव्य-कृति की तरह 'कामायनी' का अपना विशिष्ट विधान है। 'रामचरितमानस', 'सूरसागर', 'उद्धवशतक' और 'आँसू' या 'अंधा युग' का वैशिष्ट्य मूलतः उनके विधान का वैशिष्ट्य है, जिसमें रचना की पूरी परिकल्पना उभरती है। विधान की यह धारणा कुछ-कुछ वैसी ही है, जैसी कि मानव-व्यक्तित्व की, यानी रचना का 'व्यक्तित्व' ही उसका विधान है। यहाँ विधान के इस रूप में वस्तु-पक्ष और कलापक्ष का सतही विभाजन विलीन हो जाता है। 'कामायनी' के विधान में एक बड़ी समग्र और जटिल परिकल्पना का रूप उभरता है। आदि मानव का रूप एक ओर है तो श्रद्धा और इड़ा के प्रथम साक्षात्कार की प्रभविष्णुता दूसरी ओर। इन चरित्रों की परस्पर टकराहट की पृष्ठभूमि में देव-दानवों के सांस्कृतिक संघर्ष का रूप है, तथा मानवीय संस्कृति पिछली संस्कृतियों से कैसे भिन्न और अधिक सार्थक रूप में विकसित होती है, इसका आख्यान है। देव-संस्कृति से मानवीय संस्कृति इस माने में भिन्न है कि वह नश्वर है। मनुष्य की यह

नश्वरता उसकी सर्जन-शक्ति को चुनौती दे कर विकसित करती है और उसे प्रेम करने की शक्ति प्रदान करती है, जो विलासी देव-सृष्टि में नहीं थी। रचना के ये अंश श्रद्धा, काम और लज्जा सर्ग में विकसित होते हैं। और फिर 'इड़ा' सर्ग में काम का लंबा डरावना शाप आता है जिसे मनुष्य अपनी संकल्प-शक्ति से अपने लिए एक वरदान या वैशिष्ट्य के रूप में बदलता है। मनुष्य को वरण की स्वतंत्रता काम के अभिशाप के रूप में ही मिलती है: "हाँ, अब तुम बनने को स्वतंत्र।"

यह सारी प्रक्रिया, जिसे नंददुलारे वाजपेयी ने कहा है : "बड़े जीवनचक्रों को हाथ में लेना; पेचीदा भाव-धाराओं और सांस्कृतिक परिवर्तन के फलस्वरूप उठी हुई जटिल समस्याओं का निरूपण करना; व्यक्ति देश और जाति के जीवन के वृहद छाया-आलोकों को उद्‌घाटित कर सकना; सारांश यह कि जीवन के गहरे और बहुमुखी घात-प्रतिघातों और विस्तृत जीवन दशाओं में पद-पद पर आने वाले उद्वेलनों को चित्रित करना, उन्हें सँभालना और अपनी कला में उन सबको सजीव करना" (जयशंकर प्रसाद, पृ० ९) प्रसाद के उस संश्लिष्ट काव्य-विधान का अंग बनती है जो न महाकाव्य के निकट है और न खंडकाव्य के, और न जिसमें स्थूल कथा का आग्रह है, न रूपक का, वरन् जिसमें युगबोध के साथ—और उसके निर्माण के लिए भी—अर्थ को और अनुभव को विकसित होने की पूरी स्वाधीनता और स्वायत्तता है। रचना में जीवंत व्यक्ति जैसी यह स्वाधीनता और स्वायत्तता की स्थिति संभव हो जाना ही उसकी सफलता और सार्थकता का चरम स्तर है। 'कामायनी' के विधान की यह मौलिक विशेषता है कि पूरी रचना का अर्थ एक नहीं है, पर रीतिकालीन श्लिष्ट काव्य की तरह दो अलग-अलग अर्थ भी नहीं हैं, वरन एक ही अर्थ के स्तर अपने तनाव और संश्लेष से एक वृहत्तर अर्थ की सृष्टि करते हैं। रचना के क्षेत्र में यह अर्थ का अद्वैत है, जो छायावादी काव्य, खास तौर से 'कामायनी' की विशिष्ट रचना-प्रक्रिया और उपलब्धि है। रचना में अर्थ का अद्वैत भाव संभोग और अध्यात्म जैसी सृजन प्रक्रियाओं के समानांतर देखा जा सकता है। उदाहरण के लिए प्रसाद की कविता 'विषाद' ('झरना' में संकलित) में हृदय में विषाद और बाहर छाया मानों एक ही अनुभव के अंग हैं—एलियट ने जिसे 'औब्जैक्टिव कोरिलेटिव' कहा है, 'छाया' कुछ वैसी ही है। पर असल में तो छायावाद और उत्तरोत्तर आधुनिक कविता में अर्थ का अद्वैत है—एक अर्थ नहीं है, दो भी नहीं हैं, वरन् अर्थ के दो स्तरों के तनाव और संश्लेषण से अर्थ की गहरी क्षमता विकसित हुई है।

भाषा के सामान्य प्रयोग में बात, और जिस भाषा में वह बात कही जा रही है, उनके बीच अंतर हो सकता है। पर कविता की भाषा में, यानी अधिकतम सर्जनात्मक भाषा में, यह अंतर नहीं रह जाता, बात और भाषा में अभेद रहता है। प्राचीन भारतीय साहित्यशास्त्रियों ने अभिधा और व्यंजना का जो रूप माना है, उसमें स्थिति इसके कुछ विपरीत है। वहाँ बात और भाषा में व्यंजना शब्द-शक्ति के अंतर्गत सीधा संबंध नहीं रह जाता। वस्तुतः ऐसा मानना व्यंजना और सर्जनात्मकता के चमत्कारी पक्ष पर अधिक बल देना है। पर जब हम बात और भाषा के अभेद और अद्वैत की बात कहते हैं तो हम तनाव पर उतना ही बल देते हैं जितना कि अभेद पर। अनुभव और अर्थ का यह अद्वैत समझना कविता और सर्जनात्मकता की प्रक्रिया को अधिक गहरे और प्रकृत रूप में समझना है। यही भाषा और संवेदना का अद्वैत है, जहाँ दोनों एक नहीं हैं, पर अलग-अलग होकर भी एक हो जाते हैं।

इस अर्थ-प्रक्रिया को समझने के लिए ज़रूरी है कि हम अपनी दृष्टि को किन्हीं प्रतिमानों से न बाँधें। पुराने प्रतिमानों को अस्वीकृत कर के नये प्रतिमानों को स्थापित करने की चेष्टा एक ग़लती को देख और दिखा कर भी उसके स्थान पर उससे बड़ी दूसरी ग़लती करने जैसा है। रचना में अंतर्निहित अनुभव तभी ठीक-ठीक ग्रहण किया जा सकता है, जब हम प्रतिमानों को निरुत्साहित कर के वैशिष्ट्य पर बल दें, और वैशिष्ट्य की अपनी अनुभूति को प्रतिमान कह कर दूसरों पर आरोपित करने की चेष्टा न करें। वैशिष्ट्य के प्रतिमानीकरण में एक अंतर्विरोध का भाव निहित है।

प्रश्न यह है कि अर्थ के स्तर पर रचनात्मक स्वाधीनता और स्वायत्तता काव्य-कृति में विकसित कैसे होती है? अर्थ के इस संचरण का माध्यम हमें विशेषतः बिंब या भाव-चित्र के विधान में मिलता है। यहाँ पर प्रतीक और बिंब के अंतर को, संक्षेप में ही सही, समझना आवश्यक है। प्रतीक किसी भाव-स्थिति को द्योतित करने वाला एक शब्द होता है, जैसे कमल या क्रूस या सूर्य, जो क्रमशः स्निग्धता, कष्ट-सहिष्णुता तथा ज्ञान के प्रतीक हैं। बिंब या भाव-चित्र की प्रक्रिया अधिक संश्लिष्ट होती है। वह कई तत्त्वों से निर्मित होने के कारण स्थिर न रह कर गतिशील होता है, और उसका प्रतीक की तरह पूर्व-स्वीकृत अर्थ नहीं होता। इसीलिए कविता में अर्थ को स्वायत्त तथा विकसनशील बनाये रखने का मुख्य दायित्व बिंब पर होता है। अधिकतर समीक्षक बिंब का महत्त्व उसके चाक्षुष संवेदन के कारण मानते हैं। बिंब में चित्र का भाव आता ज़रूर है, पर चित्र का दृश्य भाव यहाँ

प्रधान नहीं है, वरन् चित्र का संश्लिष्ट रूप—'कम्पोज़ीशन'—होना प्रमुख बात है। इस तरह चाक्षुष पक्ष यानी कि एक दृश्य-प्रतिमा का निर्माण कर सकना तो वस्तुत: बिंब-विधान का एक प्राथमिक और गौण स्तर है। मुख्य बात यह है कि संश्लिष्ट गठन होने के कारण बिंब में उसके विभिन्न तत्त्वों के बीच संपर्क और टकराहट से एक द्वंद्वात्मक (डाइलैक्टिक) प्रक्रिया निहित रहती है, जो अर्थ को विकसनशील और स्वायत्त बनाती है। इस तरह बिंब प्रधानत: और अनिवार्यत: एक अर्थ-संश्लेष है, और इसलिए रचना में काव्यभाषा या कि काव्य बनने की मुख्य प्रक्रिया है।

कवि प्रसाद के कृतित्व की यह एक विचित्रता ही कही जाएगी कि उसमें जगह-जगह सामान्य वर्णन की भाषा का रूप काफ़ी कमज़ोर है, लगभग लचर जैसा। इसलिए जब दिनकर कहते हैं कि "कामायनी में खड़ी बोली का जितना असमर्थ रूप प्रकट हुआ है, उतना असमर्थ रूप किसी और काव्य में नहीं मिलता। कामायनी में ऐसे अंश कम हैं, जिन्हें पढ़ते हुए मन पर अप्रियता के धक्के न लगते हों, अभिव्यक्ति की असमर्थता और शब्दों के कुप्रयोग से पाठक का मन न खीजता हो।" (पंत, प्रसाद और मैथिलीशरण, पृ० ७१) तो बात कुछ समझ में आती है। लेकिन इतनी कड़ी आलोचना के बाद फिर ऐसी कौन सी विवशता है जिससे 'कामायनी' को आधुनिक काव्य की एक श्रेष्ठ और स्पृहणीय कृति के रूप में माना जाता है? इस समस्या का हल प्रसाद के अप्रतिम बिंब-विधान में पाया जा सकता है। कमज़ोर आधार-भाषा के बावजूद इतना कुशल बिंब-प्रयोग साहित्यिक इतिहास की एक असाधारण पर सुखद विडंबना है। वर्णन की भाषा काव्यभाषा का प्राथमिक स्तर है, और बिंब-गठन भाषा का अधिकतम सर्जनात्मक स्तर है। यह समझना होगा कि काव्य की हर पंक्ति कविता नहीं होती, भले ही काव्य बनने की प्रक्रिया में वह कुछ सहायता देती हो। 'रिष्यमूक परबत नियराई' जैसे स्थूल वर्णनात्मक अंश हर काव्य में मिलना अनिवार्य है। प्रसाद में वर्णन की यह भाषा जितनी अव्यवस्थित, ऊबड़-खाबड़ है, भाषिक बिंब गठन की क्षमता उतनी ही अधिक है। 'कामायनी' को लेकर प्राय: हर सजग पाठक के मन में जो आकर्षण-विकर्षण—एंबीवेलेंस—चलता है उसका एक प्रधान कारण इन दो भाषिक स्तरों की विफलता और सफलता एक साथ है। ऐसा शायद इसलिए हो कि काव्य में अपना समूचा ध्यान बिंबगठन पर ही केंद्रित कर के प्रसाद ने सामान्य वर्णन-भाषा की उपेक्षा की हो, अन्यथा गद्य में तो प्रसाद की वर्णन-भाषा कहीं ऐसी अक्षम नहीं है। सैद्धांतिक स्तर पर भी काव्य को अनुभूति प्रधान मानने के कारण (द्र० प्रसाद का निबंध 'काव्य

और कला', पृ० ४३-४४) प्रसाद सामान्य शब्द-विन्यास तथा भाषिक गठन की चिंता नहीं करते।

बिंब-विधान के इस प्रसंग को समेटने का उपाय यही है कि रचना से कुछ उद्धरण दे कर अपनी बात को व्यावहारिक स्तर पर समर्थित किया जाय!

श्रद्धा की मुस्कान का प्रसिद्ध अंकन श्रद्धा सर्ग से :

और उस मुख पर वह मुसक्यान!
रक्त किसलय पर ले विश्राम
अरुण की एक किरण अम्लान
अधिक अलसाई हो अभिराम।

या मनु के चले जाने पर श्रद्धा का रूप :

कामायनी-कुसुम वसुधा पर पड़ी, न वह मकरंद रहा।
एक चित्र बस रेखाओं का, अब उसमें है रंग कहाँ।

और फिर इड़ा के वर्णन में एक छोटी-सी पंक्ति—वह नयन महोत्सव की प्रतीक।

साहित्य में सौंदर्य-अंकन की जितनी भाषिक प्रक्रियाएँ हैं, उनमें 'नयन-महोत्सव' का यह बिंब अनायास ऊपर उभर कर आ जाता है।

श्रद्धा के हास का वर्णन है :

श्याम नभ में मधु किरन-सा फिर वही मृदु हास,
सिंधु की हिलकोर, दक्षिण का समीर-विलास।

और नटराज के नृत्य-प्रसंग में हिमालय का चित्र है—यद्यपि इन अंतिम सर्गों में सामान्यतः काव्य का रूप काफी क्षरित हो गया है :

हीरक-गिरि पर विद्युत-विलास,
उल्लसित महा हिम-धवल हास।

बिंब-गठन की यह प्रक्रिया 'कामायनी' के रचना-विधान का अभिन्न अंग है और जटिल अनुभव-अर्थ-संश्लेष को उसकी समग्रता में पकड़ने तथा व्यक्त करने का अचूक माध्यम है। साहित्य यदि बिखरे और खंडित जीवन की पुनर्रचना है तो बिंब-विधान इस पुनर्रचना की प्रक्रिया है। काव्य जीवन को अर्थवत्ता प्रदान करता है और काव्य की अर्थवत्ता बिंब से निर्मित होती है। 'कामायनी' की रचना-दृष्टि, काव्य के स्तर पर, समकालीन जीवनानुभव में जो कुछ जोड़ सकी है वह इन बिंब-मालाओं के ही कारण, अन्यथा यह

स्पष्ट है कि उच्च स्तर के काव्य, दर्शन और विज्ञान क्षेत्र की साक्षात्कार-प्रक्रिया में अंतर बहुत सूक्ष्म रह जाता है।

मानवीय संस्कृति के आधुनिक संकट को प्रसाद ने 'कामायनी' में अच्छी तरह पहचाना है। सच तो यह है कि 'कामायनी' अब से प्राय: पैंतीस वर्ष पूर्व जब प्रकाशित हुई थी, तब से उसकी अर्थ-संगति वर्तमान अणु-युग में कुछ अधिक ही हुई है। अतिभौतिकता, अतियांत्रिकता और अतिबौद्धिकता के जिस खतरे की ओर प्रसाद संकेत करते हैं, उसका संदर्भ पहले से अधिक फैला है। यह स्वाभाविक और उचित था कि जो रचनाकार मानव के सांस्कृतिक विकास की सूक्ष्म व्याख्या प्रस्तुत करे, वह केवल इतने से ही संतुष्ट न रह कर उस संस्कृति के वर्तमान संकट के विश्लेषण में प्रवृत्त हो; और विघटन के प्रतिकार का उपाय भी संकेतित करे। यह ठीक है कि दार्शनिक शब्दावली के स्तर पर बहुंचर्चित होने के कारण भी प्रसाद का समरसता भाव और आनंद की धारणा स्थूल समाधानपरक दृष्टि के द्योतक अधिक हो गए हैं। पर रचना की सूक्ष्म प्रक्रिया मध्यकालीन संन्यासप्रधान आदर्श के विरोध में एक समृद्ध और समग्र दृष्टि की प्रस्तावना करती है, जहाँ भारतीय पुनर्जागरण के आधार-ग्रंथ गीता का निष्काम कर्म नहीं है, वरन् जहाँ कर्म भोग को प्रेरित करता है और भोग कर्म को—"कर्म का भोग, भोग का कर्म। यही जड़ का चेतन आनंद।" इस तरह प्रक्रिया और निष्पत्ति और फिर प्रक्रिया का एक अनवरत क्रम चलता है। रामकृष्ण, विवेकानंद और तिलक के युग में गीता की विराट् दृष्टि में भी कुछ जोड़ने का उपक्रम हिंदी कवि की उपलब्धि को अधिक स्पृहणीय बनाता है।

'कामायनी' की रचना-दृष्टि, उसे व्यंजित करने वाली बिंब-माला और उसका विधान एक संपृक्त रूप में विकसित हुए हैं। इसकी सही पहचान का उपक्रम ही किसी भी पुनर्मूल्यांकन की प्रक्रिया को सार्थक बना सकता है, और जैसा मैंने शुरू में ही कहा है, इस पुनर्मूल्यांकन के दौरान हम रचना के सही रूप की खोज ही नहीं करते, वरन् अपनी साहित्यिक समझ को भी अधिक सही दिशा में गतिशील करते हैं। यह एक साहित्यिक दुर्भाग्य ही कहा जायगा कि 'कामायनी' को ले कर हिंदी साहित्य में प्रारंभ से ही आत्यंतिक धारणाएँ विकसित होती रही हैं। कुछ हैं जो 'कामायनी' को युग-युग की सर्वश्रेष्ठ रचना घोषित करना चाहते हैं, और ऐसे भी हैं जो यह मानते हैं कि 'कामायनी' का महत्त्व केवल इसीलिए है कि वह अनेक विश्वविद्यालयों के पाठ्यक्रमों में निर्धारित है! इस विभ्रमपरक विवाद के चलने में जो कुछ कारण रहे हैं, उनका मैंने एक संक्षिप्त विश्लेषण ऊपर

किया है। सही यह है कि समीक्षा-क्षेत्र में रचना के प्रति 'धूप-दीप' की दृष्टि न हो कर उन्मुखता की दृष्टि होनी चाहिए। ऐसी संपृक्त और खुली दृष्टि से ही 'कामायनी' के वैशिष्ट्य को समझा जा सकता है, और आगे अर्थ विकसित होने की संभाव्य दिशा भी संकेतित हो सकती है।

इस समूचे संदर्भ में कथाकार और समीक्षक इलाचंद्र जोशी के 'कामायनी' शीर्षक लेख का उल्लेख प्रासंगिक होगा, जो 'कामायनी' के प्रकाशन-वर्ष (१९३७) में ही छपा था, आरंभिक समीक्षा-निबंध के रूप में। यहाँ छायावाद-युग के रचनाकार ने समकालीन काव्य-संवेदना के चरम विकास बिंदु को ठीक-ठीक पहिचाना है, जहाँ आलोच्य कृति और समीक्षक की समझदारी के बीच संतुलन बनता दिखाई देता है।

■

संकेतित ग्रंथ—१. कामायनीः जयशंकर प्रसाद (प्रथम प्रकाशन : १९३७ ई०, प्रयुक्त संस्करण सातवाँ), २. काव्य और कला तथा अन्य निबंध : जयशंकर प्रसाद (मरणोत्तर प्रकाशन : १९३९, प्रयुक्त संस्करण पाँचवाँ), ३. हिंदी साहित्य का इतिहास : रामचंद्र शुक्ल (१९४२ ई०: छायावाद और प्रसाद विषयक विवेचन दो वर्ष पूर्व के संशोधित और परिवर्द्धित संस्करण में ही आ गया था), ४. जयशंकर प्रसादः नंददुलारे वाजपेयी (१९४०), ५. हिंदी साहित्य : हजारीप्रसाद द्विवेदी (१९५२), ६. पंत, प्रसाद और मैथिलीशरण : दिनकर (१९५८), ७. कामायनी—एक पुनर्विचारः गजानन माधव मुक्तिबोध (१९६१) ८. कामायनी के अध्ययन की समस्याएँ: नगेन्द्र (१९६२), ९. प्रसाद और उनकी कविता : विश्वंभर 'मानव' (१९६२)

२

'कामायनी' की रचना के केंद्र में मानवीय संस्कृति का विकास, उसके मान-मूल्यों की प्रक्रिया और उसके वर्तमान विभ्रमों का विश्लेषण है। और मानवीय संस्कृति के वैशिष्ट्य का संदर्भ उसकी पिछली देवसंस्कृति की तुलना में उभरता है। देवता, स्वर्ग और परलोक-प्रधान मध्यकालीन भारतीय विचारधारा से हट कर मनुष्य की संस्कृति की यह आत्मविश्वासपरक व्याख्या समकालीन राष्ट्रीय संदर्भ में जितनी महत्त्वपूर्ण है, उतनी ही महत्त्वपूर्ण संपूर्ण मानवीय संदर्भ में है। और यों रचना की समस्या बुनियादी होते हुए तात्कालिक भी है। मानव-जीवन और संस्कृति के जटिल और संश्लिष्ट रूप को प्रसाद ने 'कामायनी' में उसी जटिलता और संश्लिष्टता में अंकित किया है, और पुनर्रचना की इस प्रक्रिया में उन्होंने हमारी समझ और अनुभव-क्षमता को समृद्धतर किया है। दर्शन या विज्ञान की तुलना में साहित्य की यह अपनी विशिष्ट प्रक्रिया है, जिसमें वह जीवन के पूरे अनुभव-संश्लेष को बिना विश्लेषण के खंड-खंड किए हुए समझने और ग्रहण करने में सहायक होता है। इस अनुभव-संश्लेष को 'कामायनी' में महाकाव्यत्व या अंगी रस या आनंदवाद की इकहरी विवेचन पद्धतियों से नहीं समझा जा सकता। इसके लिए ज़रूरी है कि हम रचना के विशिष्ट विधान को उसके समूचे रूप में समझने का यत्न करें। साहित्य जीवन का जैसे अक्षुण्ण भाव से अंकन करना है, उसका सम्मान करते हुए समीक्षक का भी दायित्व है कि वह उस जीवनानुभव को क्षत-विक्षत न होने दे कर उसका अधिक से अधिक गहरा और दक्ष साक्षात्कार संभव बनाए।

'कामायनी' की यह रचना-दृष्टि यों तो समूची कृति में ही विकसित होती है, पर अधिक महत्त्वपूर्ण संकेत श्रद्धा, काम, लज्जा और इड़ा सर्ग में मिलते हैं। इस दृष्टि से अंतिम तीन सर्ग दर्शन, रहस्य और आनंद काव्यानुभव की उतनी प्रतीति नहीं कराते, जितना दार्शनिक पद्धति से प्रतिपादन करते हैं। और अधिकतर इन्हीं सर्गों का दायित्व है कि 'कामायनी' में समरसता की जीवंत और गतिशील प्रक्रिया सामान्य समीक्षा की शब्दावली में 'आनंदवाद' के एक स्थिर पुस्तकीय रूप में अभिहित की जाती है। मानव-जीवन को 'कर्म का भोग, भोग का कर्म' की चक्रीय प्रक्रिया में पहचानने वाले कवि के

लिए यह अभीष्ट नहीं था कि वह किसी वाद की प्रतिष्ठा के लिए सचेष्ट हो। भारतीय पुनर्जागरण के अधिकतर मनीषियों ने इस बात की चिंता की कि उनकी जीवंत रचना दृष्टि किसी वाद के ढाँचे में न जकड़ दी जाए। रामकृष्ण और विवेकानंद जैसे साधक जब अपनी चिंतन-प्रक्रिया को उन्मुक्त रख सके तो प्रसाद और निराला जैसे रचनाकारों को तो इस बात की अधिक सुविधा थी कि वे अपने को किसी वाद की गिरफ्त में न आने दें। और यहाँ पाठक, विशेषतः समीक्षक का दायित्व फिर उभर कर आता है कि ब्राह्मण, बौद्ध, शैव और कई अन्य देशी-विदेशी दार्शनिक विचारधाराओं से बौद्धिक तथा रचनात्मक उत्तेजन पाने पर भी प्रसाद के कृतित्व को वह उसके वैशिष्ट्य में ही देखने-समझने का यत्न करे, बजाय इसके कि उसे किसी बनी-बनायी दार्शनिक पद्धति से बाँध दिया जाए।

तो मूल समस्या यही है कि न तो रचना-दृष्टि का ऐसा विश्लेषण हो कि वह विरूप हो जाए, और न ही उसे कृति के विशिष्ट विधान से बिलगा कर एक तत्त्व-दृष्टि के रूप में प्रतिष्ठित कर दिया जाए। समकालीन समीक्षा में गजानन माधव मुक्तिबोध के प्रयास में किसी सीमा तक इस महत्त्वपूर्ण समस्या की चिंता हुई है। पर 'कामायनी' को शैवागम के जाल से छुड़ा कर भी उसे उन्होंने पूँजीवाद और मार्क्सवाद की शब्दावली में परिभाषित कर के अपनी ही दी हुई रचनात्मक मुक्ति को स्वयं मिटा दिया है। पर इसके बावजूद उनकी समीक्षा-कृति में कला को जीवन की पुनर्रचना के रूप में अच्छे ढंग से व्याख्यायित किया गया है।

सांस्कृतिक संघर्ष की मूल वस्तु का अंकन 'कामायनी' में प्रसाद तीन स्तरों पर करते हैं। पहले है देव और असुरों के सांस्कृतिक मूल्यों की टकराहट। फिर आता है देव सृष्टि की तुलना में नवविकसित मानवीय सृष्टि का वैशिष्ट्य। और फिर इस रचनानुक्रम में, अंततः, मध्ययुगीन जीवन-मूल्यों के विरोध में उठ खड़ी हुई पुनर्जागरण युगीन नयी भारतीय संस्कृति की प्रस्तावना उभरती है।

पहले दौर का संघर्ष कवि ने अंकित किया है मुख्यतः इड़ा सर्ग में। 'जीवन का लेकर नव विचार/जब चला द्वन्द्व था', और उस से अगले छंद 'था एक पूजता देह दीन/दूसरा अपूर्ण अहंता में अपने को समझ रहा प्रवीण' में एक स्तर पर सामान्यतः किसी युग की दो विरोधी विचार-धाराओं और सभ्यताओं के अहंकार का द्वन्द्व हो सकता है, जहाँ एक में भौतिक जगत की जड़ता पर आग्रह है तो दूसरी ओर चैतन्य का प्रबल अहं भाव है। प्रकारांतर से यह संघर्ष देवासुर संग्राम की रत्नों के बँटवारे की स्थूल पौराणिक कथा को एक भिन्न और सूक्ष्म स्तर पर व्याख्यायित करता है। और एक तीसरे,

समकालीन, स्तर पर यहाँ रूस और अमरीका के बहुचर्चित शीत युद्ध की प्रतिद्वन्द्वी विचार-धाराओं का बड़ा सटीक चित्रण पूर्वाशित हुआ है। फिर ये तीनों मिलते-जुलते अर्थ-स्तर परस्पर की अंतर-क्रिया में और एक विराट् सांस्कृतिक मूल्य-बोध का रूप धारण कर लेते हैं। यह समूची अर्थ-प्रक्रिया 'कामायनी' के महिमाशाली बंधान के सर्वथा अनुकूल है।

'कामायनी' में, जैसा कहा गया, मानवीय संस्कृति का वैशिष्ट्य देव-संस्कृति के संदर्भ में उभरता है। पर दोनों संस्कृतियों के जीवनमूल्यों की तुलना आमने-सामने रख कर नहीं की गयी। अपने ढंग से इस समस्या को बाद में दिनकर ने 'उर्वशी' में उठाया है, जहाँ उर्वशी के माध्यम से यह तुलना होती है और मानवीय जीवन की स्पृहणीयता प्रभावशाली ढंग से प्रतिपादित की जाती है। 'कामायनी' में स्थूल कथा के स्तर पर तो मानव-सृष्टि पूरे तौर पर बनी भी नहीं है, पर वह गौण बात है। असल में तो प्रसाद इस तुलना को प्रकट रूप में लाये बिना केवल संकेतों में व्यंजित कर देना चाहते हैं। 'इड़ा' सर्ग में काम का मनु को दिया गया लंबा शाप एक स्तर पर मानवीय विभीषिका को अंकित करता है, पर दूसरे और अधिक सूक्ष्म स्तर पर साथ ही साथ यह भी व्यंजित कर देता है कि मनुष्य ने अपनी इस अभिशप्त नियति को बल-पूर्वक और संकल्प के साथ अपने जीवन के वैशिष्ट्य के रूप में बदला है। काम के अभिशाप से कुछ पंक्तियाँ देखिए—

हाँ अब तुम बनने को स्वतंत्र

... ...

सब कुछ भी हो यदि पास भरा पर दूर रहेगी सदा तुष्टि

... ...

रो कर बीतें सब वर्तमान क्षण सुंदर सपना हो अतीत

... ...

कर्तृत्व सकल बन कर आवे नश्वर छाया सी ललित कला
नित्यता विभाजित हो पल-पल में काल निरंतर चले ढला

... ...

हो वर्तमान से वंचित तुम अपने भविष्य में रहो रुद्ध

और अभिशाप का अंतिम छंद—

तुम जरा-मरण में चिर अशांत
जिसको अब तक समझे थे सब जीवन में परिवर्तन अनंत
अमरत्व वही अब भूलेगा तुम व्याकुल उसको कहो अंत

ध्यान देने की बात है कि शाप चलता है जैसे देश-काल को फेंटते हुए भविष्यपुराण की प्रकथन-शैली में।

मनु शाप को सुन कर सोचते हैं—

लिख दिया आज उसने भविष्य ! यातना चलेगी अंत-हीन
अब तो अवशिष्ट उपाय भी न।

काम के इस शाप का सब से अधिक बल इस बात पर है कि देव-सृष्टि का अनंत जीवन अब से समाप्त हो जाएगा, और नयी सृष्टि को जरा-मरण का भय सताता रहेगा। पर मानवता इस शाप को अपने लिए एक शक्ति के रूप में बदल लेती है। मनुष्य मृत्यु के आतंक से बचने के लिए जीवन को सार्थक बनाना चाहता है। मृत्यु की चुनौती स्वीकार कर के उसका अतिक्रमण करने के लिए मनुष्य अपने सीमित व्यक्तित्व को, प्रेम और सर्जनात्मक वृत्तियाँ विकसित कर के, असीम विस्तार दे देता है। अमरत्व में बँधे हुए देवगण प्रेम और सर्जनात्मकता के रहस्य से पूरी तरह अपरिचित थे, इसकी बड़ी सूक्ष्म और कलात्मक व्यंजना कवि पहले ही काम और लज्जा सर्ग में दे देता है। देव-सृष्टि में काम का जो स्थूल भोग-विलास वाला रूप था, वह मानवीय सृष्टि में अनंग होकर प्रेम की सूक्ष्म प्रक्रिया में बदल गया है। काम मनु को बताता है—

वे अमर रहे न विनोद रहा,
चेतनता रही, अनंग हुआ,

... ...

आरम्भिक वात्या उद्गम में
अब प्रगति बन रहा संसृति का,
मानव की शीतल छाया में
ऋण-शोध करूँगा निज कृति का।

दूसरी ओर लज्जा श्रद्धा से कहती है—

मैं देव-सृष्टि की रति रानी
निज पंचवाण से वंचित हो,
बन आवर्जना मूर्ति दीना
अपनी अतृप्ति सी संचित हो।
अवशिष्ट रह गयी अनुभव में
अपनी अतीत असफलता-सी,

काम और रति का यह नयी सृष्टि में रूपांतरण मानो मानवीय संस्कृति के नये मान-मूल्यों के विकास का पहला चरण है। मूल बात यह है कि दोनों बदलने की प्रक्रिया में स्थूल से सूक्ष्म हो जाते हैं। काम अनंग हो जाता है, रति का लज्जा में रूपांतरण तो और भी सूक्ष्म और कलात्मक है—'अवशिष्ट

रह गयी अनुभव में'। मानवीय व्यक्तित्व में देव-सृष्टि के स्थूल ऐन्द्रिक संवेदनों के बजाय सूक्ष्म अनुभव-प्रक्रिया कैसे केन्द्रीय हो जाती है, इसका बड़े हल्के संकेतों से प्रभावी अंकन प्रसाद ने किया है।

मनु की रचनात्मक क्षमता को श्रद्धा और इड़ा दोनों अपने-अपने ढंग से जाग्रत और सक्रिय करना चाहती हैं, करती हैं। दोनों ही इसके लिए प्रकृति के समायोजन पर बल देती हैं। श्रद्धा सर्ग में श्रद्धा कहती है—

एक तुम, यह विस्तृत भू-खंड
प्रकृति वैभव से भरा अमंद,
कर्म का भोग, भोग का कर्म
यही जड़ का चेतन आनंद।

आगे इड़ा सर्ग में इड़ा कहती है—

यह प्रकृति परम रमणीय अखिल ऐश्वर्य भरी : शोधक विहीन
तुम उसका पटल खोलने में परिकर कस कर बन कर्मलीन

पर दोनों की प्रक्रिया में अंतर भी है। श्रद्धा की रचना या सर्जन में जीव-सृष्टि के धरातल से ले कर मानसिक सर्जन तक सम्मिलित है, इड़ा के सर्जन में विज्ञान की प्रमुखता है। मनु के प्रति अपने समग्र व्यक्तित्व को समर्पित करती हुई श्रद्धा की भावना है—

बनो संसृति के मूल रहस्य
तुम्हीं से फैलेगी वह बेल
विश्व भर सौरभ से भर जाय
सुमन के खेलो सुंदर खेल।

इड़ा में आत्मदान का यह रूप नहीं है। इसीलिए प्रकृति पर मनुष्य की विजय में वह यंत्र को केंद्र में रखती है, जबकि श्रद्धा के लिए केंद्रीय तत्त्व मनुष्य का व्यक्तित्व है। श्रद्धा की यह दृष्टि मशीन के प्रति महात्मा गांधी की दृष्टि से बहुत मिलती-जुलती है। गांधी मशीन के विरुद्ध नहीं थे, वे यही चाहते थे कि मनुष्य का व्यक्तित्व मशीन से आक्रांत न हो जाए।

पर श्रद्धा और इड़ा के इस मौलिक मतभेद के बावजूद श्रद्धा को नायिका और इड़ा को खलनायिका मानकर चलने की जो प्रवृत्ति कभी-कभी समीक्षकों में दिखाई देती है, वह सर्वथा भ्रांत और सरल वर्गीकरण की भावना से प्रेरित है। श्रद्धा और इड़ा दोनों के व्यक्तित्व—और वे वर्णनात्मक महाकाव्यों के वास्तविक चरित्र न हो कर, सूक्ष्म सांकेतिक व्यक्तित्व जैसे ही हैं—बहुत दूर तक एक दूसरे के समानांतर चलते हैं। मनु के प्रति दोनों के

उद्‌बोधन लगभग एक जैसी भाषा में हैं, जड़ तत्त्व को चेतन करना दोनों की मूल समस्या है। श्रद्धा कहती है—

कर्म का भोग, भोग का कर्म।

यही जड़ का चेतन आनंद।

और इड़ा भी यही चुनौती सामने रखती है—

तुम जड़ता को चैतन्य करो विज्ञान सहज साधन उपाय

मनु की आदिम अहंवादी प्रवृत्तियों को दोनों ही शांत और अनुशासित करना चाहती हैं, और इसी में दोनों मनु को रुष्ट कर देती हैं। श्रद्धा को छोड़ कर जाते समय मनु कहते हैं—'तुम अपने सुख से सुखी रहो मुझको दुख पाने दो स्वतंत्र' और सारस्वत प्रदेश के संघर्ष में भी इड़ा के परामर्श को ठुकरा कर मनु अपनी यही नीति घोषित करते हैं—'मैं शासक, मैं चिर स्वतंत्र, तुम पर भी मेरा—हो अधिकार असीम।' यह वस्तुतः देव-सृष्टि का—और एक दूसरे पर संपृक्त अर्थ-स्तर पर आदिम मनुष्य के मन का—उच्छृंखल, अबाध सुख-भोग का संस्कार मनु के मन में है। श्रद्धा और इड़ा दोनों के अलग-अलग, पर सम्मिलित उद्योग से इसे नयी मानवीय रचना की दृष्टि से नियोजित और अनुशासित किया जाता है। यही जैसे 'कामायनी' की मूल वस्तु है, जो इस मानवीय रचना के ब्यौरेवार विश्लेषण में अधिक प्रशस्त हुई है। इस ब्यौरेवार समग्र रूप की चर्चा हम कुछ आगे करेंगे; यहाँ इतना ही स्पष्ट करना अभीष्ट है कि श्रद्धा और इड़ा की दृष्टियों में अंतर समझने के लिए उनकी समानांतर प्रक्रिया भी समझना जरूरी है। इड़ा खलनायिका या 'कूटयंत्रचालिका' नहीं, वह संघर्ष सर्ग में मनु को बहुत देर तक समझाने का यत्न करती है—(उसी तरह जैसे श्रद्धा ईर्ष्या सर्ग के अंत में करती है) और यही कहती है—

'सावधान! मैं शुभाकांक्षिणी और कहूँ क्या?' इड़ा के इस शुभाकांक्षी रूप को समझे बिना हम 'कामायनी' में उठायी गयी मानव-मूल्यों की समस्या को ग्रहण नहीं कर सकते। यह सही है कि श्रद्धा में आत्मदान की भावना है, और माँ के रूप में उसने सर्जन की पीड़ा को सहा और समझा है—'दुर्भर थी गर्भ मधुर पीड़ा झेलती जिसे जननी सलील', पर यह प्रसाद की विशेषता है कि उन्होंने श्रद्धा और इड़ा को जितना द्वंद्वात्मक प्रक्रिया के रूप में देखा है, उतना ही एक दूसरे के पूरक रूप में भी। संघर्ष और समाहार, दोनों स्तर एक दूसरे में बुने हुए हैं। पश्चिम और पूर्व का अनिवार्य विरोध यहाँ जैसे विलीन हो जाता है। इस माने में मनु, श्रद्धा और इड़ा प्रेम का परंपरागत त्रिकोण नहीं, वरन् नयी मानवीय रचना की जटिल प्रक्रिया के

माध्यम हैं। इसका सब से बड़ा साक्ष्य यह है कि श्रद्धा और इड़ा दोनों एक दूसरे से ईर्ष्या न कर के, एक दूसरे के प्रति गहरा सम्मान भाव रखती हैं।

तो देव-सृष्टि से बड़ी और अधिक स्पृहणीय, मानवीय सृष्टि में शरीर नहीं, रचना की अमरता है, जहाँ मृत्यु जीवन को अधूरा नहीं वरन् संपूर्ण बनाती है। इस व्यापक मानवीय संस्कृति के रूपांकन में प्रसाद ने भारतीय संस्कृति के संदर्भों को बड़ी कुशलता से उठाया है। कवि का पहला यत्न है देव-सृष्टि की अप्रकट तुलना में मानवीय संस्कृति की नयी क्षमता को आत्मविश्वास के साथ ऊपर उभारनां। मानवीय सृष्टि यदि नश्वर है तो यह नश्वरता ही उसमें प्रेम और रचना की शक्ति विकसित करती है, जो देव-सृष्टि के अनंत जीवन में अकल्प्य थी, और जिसने मानवीय सृष्टि को एक अपूर्व सूक्ष्मता और गरिमा प्रदान की है। मानवीय संस्कृति के इस रूप में तीसरे चरण के अंतर्गत फिर कवि भारतीय संस्कृति की समस्या को उठाता है।

भारतीय संस्कृति की चिंतना के प्रसंग में प्रसाद के मानस का पोषण अधिकतर पुनर्जागरण की चेतना के आधार पर हुआ। इहलोक का माहात्म्य, जीवन-प्रियता की भावना, इच्छा और कामना का सत्कार और कर्म का महत्त्व जैसे प्रसाद की चिंतन-प्रक्रिया को गतिशील करने वाले तत्त्व परंपरित मध्यकालीन भारतीय जीवन-दृष्टि के विरोधी हैं, तथा काफ़ी हद तक १९वीं शती के पुनर्जागरण से उत्प्रेरित हैं। 'कामायनी' के एक आरंभिक सर्ग श्रद्धा में ही उपर्युक्त तत्त्वों के आधार पर कवि ने जैसे अपनी रचना-दृष्टि की प्रस्तावना रखी है। सूर-कबीर-तुलसी आदि मध्यकालीन कवियों की जीवन-दृष्टि को यहाँ अस्वीकार कर दिया गया है। भक्त कवियों ने सारे सांसारिक दु:खों की जड़ में इच्छा को मान कर उससे उबरने की प्रार्थना की। पर 'कामायनी' की श्रद्धा मनु को समझाती है—

> **काम मंगल से मंडित श्रेय**
> **सर्ग, इच्छा का है परिणाम,**
> **तिरस्कृत कर उसको तुम भूल**
> **बनाते हो असफल भवधाम।**

यहाँ इच्छा का जितना सत्कार है, परलोकवादी दृष्टि पर उतना ही तीखा व्यंग्य है और इहलोक की प्रतिष्ठा है। दु:ख और सुख को एक द्वंद्वात्मक प्रक्रिया मान कर प्रसाद विकास को उसी के माध्यम से संपन्न हुआ मानते हैं—'यही दुख सुख विकास का सत्य यही भूमा का मधुमय दान।' कवि का यह साहसी चिंतन है जो पश्चिम की द्वंद्व प्रक्रिया—डाइलैक्टिक—को उत्साह

से स्वीकार करके उसके माध्यम से समरसता की भारतीय परिकल्पना तक पहुँचता है, जहाँ विरोधी तत्त्वों का समाहार नहीं होता, वरन् विरोध की दृष्टि ही समाप्त हो जाती है। यह एक तरह से 'डाइलैक्टिक' और अद्वैत के योग की विराट् धारणा है, जिसे प्रसाद जैसा मनीषी कवि ही विकसित कर सकता है। इस सारी रचना-प्रक्रिया में कवि की जीवन-प्रियता का मूल भाव बराबर व्यंजित होता रहता है। 'कामायनी' की श्रद्धा केवल हृदय-पक्ष की प्रतीक नहीं है, वह जीवन में आस्था और श्रद्धा भाव को भी व्यंजित करती है।[१] श्रद्धा सर्ग में श्रद्धा और मनु के संवाद गीता में कृष्ण और अर्जुन का रूप स्मरण कराते हैं।

जीवन-प्रियता का यह भाव पुनर्जागरण युग में गीता और उसकी कर्मवादी दृष्टि से अनुप्रेरित कहा जाता है, जो सामान्यतः ठीक ही है। पुनर्जागरण के आरंभ से ले कर तिलक और गांधी तक—जिनके बाद पुनर्जागरण की प्रक्रिया अवरुद्ध-सी हो जाती है—सभी मनीषी अपने द्वारा की गयी जीवन की पुनर्रचना में गीता को केंद्र में रखते हैं। प्रसाद की श्रद्धा भी मनु के समक्ष कर्म का दर्शन प्रस्तुत करती है। पर यहाँ कवि ने अपनी दृष्टि में एक गुणात्मक और महत्त्वपूर्ण तत्त्व विकसित किया है। गीता का कर्म निष्काम कर्म है, जो कर्म न हो कर साधना अधिक हो जाता है। 'कामायनी' में कर्म और भोग को एक अनिवार्य चक्र के रूप में प्रस्तुत किया गया है। मनु को जीवन में फिर से रुचि लेने को प्रेरित करती हुई श्रद्धा कहती है—

कर्म का भोग, भोग का कर्म
यही जड़ का चेतन आनंद।

---

१. **पुनश्च: संस्करण- १९९७** मिलाइये : "मनुष्यों का स्वाधीन श्रम *ऋग्वेद* के कवियों की जीवन दृष्टि का आधार है। कर्म अपने लिए है, दूसरों के लिए नहीं है, इसलिए वे चाहते हैं, जब तक जिएँ, कर्म करते रहें। और सौ वर्ष से कम कोई जीना नहीं चाहता......अन्य धर्मग्रन्थों के रचयिता परलोक में सुख की कामना करते हैं, *ऋग्वेद* के कवि जबर्दस्त इहलोकवादी हैं। भवसागर से, पार जाने की उतावली उन्हें जरा भी नहीं है। यह संसार उन के लिए दु:ख का कारण नहीं है। वे सौ वर्ष तक इसी संसार में सूर्य को देखते हुए जीना चाहते हैं......मुक्त श्रम के आधार पर जो मानव मूल्य बनते हैं वे ऐसे ही होते हैं। संसार और जीवन में आस्था रखनेवाले इन मूल्यों का महत्त्व भारत के लोग तब पहचानेंगे जब एक बार फिर वे अपने श्रम फल के स्वामी होंगे और अपनी समाज व्यवस्था का पुनर्गठन करेंगे।"

(रामविलास शर्मा: 'भारतीय नवजागरण और यूरोप': १९९६, पृ० ११२)

कर्म भोग को प्रेरित करे और भोग कर्म को, यही श्रद्धा के अनुसार जीवन की प्रक्रिया है। यहाँ, जैसा कहा गया, 'डाइलैक्टिक' का द्वंद्व भी है, और अद्वैत का एकीकरण—समरसता भी है। स्पष्ट ही निष्काम कर्म की तुलना में कर्म और भोग की यह प्रक्रिया मानवीय मनोविज्ञान के अधिक निकट और उतनी ही व्यावहारिक भी है। गीता की दृष्टि में कुछ जोड़ने का यह उपक्रम जितना साहसिक है उतना ही रचनात्मक भी।

भारतीय संस्कृति की शुद्ध वैचारिक स्तर पर विवेचना करते हुए भी प्रसाद ने इस मंतव्य को प्रकट किया है। 'रहस्यवाद' पर लिखे गये अपने विस्तृत निबंध में प्रसाद ने भारतीय चिंतन-क्रम में आरंभ से चली आने वाली विवेक और आनंद की धाराओं का निर्देश किया है। वे कहते हैं—"ये विवेक और आनंद की विशुद्ध धाराएँ अपनी परिणति में अनात्म और दु:खमय कर्मवादी बौद्ध हीनयान-सम्प्रदाय तथा दूसरी ओर आत्मवादी आनंदमय रहस्य-सम्प्रदाय के रूप में प्रकट हुईं। इसके अनंतर मिश्र विचारधाराओं की सृष्टि होने लगी।" प्रसाद ने इन दोनों विचारधाराओं का संबंध वैदिक वरुण और इंद्र से माना है—"एकेश्वरवाद के वरुण और आत्मवाद के इंद्र प्रतिनिधि माने गये। वरुण न्यायपति राजा और विवेक पक्ष के आदर्श थे। महावीर इंद्र आत्मवाद और आनंद के प्रचारक थे। वरुण को देवताओं के अधिपति-पद से हटना पड़ा, इंद्र के आत्मवाद की प्रेरणा ने आर्यों में आनंद की विचारधारा उत्पन्न की।" 'कामायनी' में विवेक की धारा के प्रतिनिधि-रूप में किसी सीमा तक इड़ा को माना जा सकता है, पर आनंद का प्रतिनिधित्व अकेले श्रद्धा नहीं कर सकती। समूची 'कामायनी' की रचना-प्रक्रिया में से ही आनंद का व्यापक और संश्लिष्ट भाव विकसित होता है, इड़ा भी जिसमें शामिल है। इसी को मैंने प्रसाद के द्वारा संपन्न 'डाइलैक्टिक' और अद्वैत का योग कहा है, जिसे आनंद के रूप में भारतीय मानस की उच्चतम भावभूमि सदैव से माना जाता रहा है (द्रष्टव्य तैत्तिरीय उपनिषद् में वरुण के पुत्र भृगु की तपस्या का आख्यान, जहाँ अन्न, प्राण, मन, विज्ञान और आनंद के उत्तरोत्तर ऊँचे होते हुए अनुभव-स्तरों का वर्णन है), पर जिसे विकसित और साक्षात्कृत करने की प्रक्रिया हर युग और हर मनीषी के लिए उसकी अपनी और मौलिक होगी।

'कामायनी' में आनंद को अपने युग के संदर्भ में नये सिरे से परिभाषित और पुनराविष्कृत करने का यत्न किया गया है। इस युग के खतरे प्रसाद की दृष्टि में हैं अतिभौतिकता और अतिवैज्ञानिकता। ये प्रवृत्तियाँ किसी देश-विशेष की न होकर संपूर्ण नयी मानवीय संस्कृति की हैं, जिसका

केंद्र वर्तमान युग में यूरोप रहा है। प्रसाद ने इन अतिवादी प्रवृत्तियों से जूझने का रचनात्मक उपक्रम किया है, जो 'कामायनी' की विशिष्ट प्रक्रिया और उपलब्धि है। इसे 'आनंदवाद' कह देना—भाषा के स्तर पर, और इसलिए संवेदना और चिंतन के स्तर पर भी—मानो इस सारी प्रक्रिया को अपने मन में अवरुद्ध कर लेना है। अतः समरसता और आनंद को प्रसाद के रचना-अनुभव के केंद्र में तो हम मानें, पर उन्हें वाद के रूप में सीमित न कर दें!

इस सारी विचार और अनुभव-प्रक्रिया को विकसित करने में कवि के सामने दुहरी समस्या है। एक ओर तो पश्चिम की जीवन-पद्धति है जो भौतिकता में ग्रस्त है, दूसरी ओर परवर्त्ती भारतीय चिंतन परंपरा है जिसने विवेक के अतिरेक से सारे सांसारिक जीवन को दुःखमय और इसीलिए वैराग्योन्मुख बना दिया है। इन दो परस्पर-विरोधी स्थितियों के बीच में प्रसाद ने जीवन की एक समृद्ध और समग्र परिकल्पना प्रस्तुत की है, जो उतनी ही व्यापक और विराट् है जितना भारतीय जीवन में शिव का रूप, जो कई कारणों से, प्रसाद के लिए विशेष प्रेरक तत्त्व था। 'कामायनी' के अंतिम सर्गों में नटराज के जिस रूप का चित्रण है, वह सांकेतिक होते हुए भी एक स्तर पर अभिधेयार्थक है। मूल बात कृति में परिव्याप्त रचना-दृष्टि की है। और इस स्तर पर 'कर्म का भोग, भोग का कर्म' की दृष्टि प्रस्तावित करना एक ऐसे ही रचनाकार के लिए अपेक्षया सहज है, जिसने शिव के योगी-भोगी रूप की प्रक्रिया समझी हो। पूर्व और पश्चिम के वर्तमान अतिवादों में जीवन का ऐसा समूचा, साबित रूप विकसित करके प्रसाद ने न केवल उनकी दृष्टि में निहित विभ्रमों का परिहार किया है, वरन् दोनों को एक समग्र रूप में अंकित किया है, जहाँ 'एक विश्व' का नारा नहीं, अनुभव है।

भारतीय संस्कृति के संदर्भ में प्रसाद ने सबसे गहरा विरोध वैराग्य-भावना का किया है। श्रद्धा और इड़ा दोनों अपने-अपने ढंग से जीवन-प्रियता को अभिव्यक्त करती हैं। इड़ा को तो श्रद्धा दर्शन सर्ग में 'जीवन की अंधानुरक्ति' कहती है, और इसी का नियमन करने के लिए वह कुमार को इड़ा के साथ छोड़ देती है। 'कामायनी' में जीवन-प्रियता की इस केंद्रीय दृष्टि के प्रसंग में मुक्तिबोध और दिनकर ने अपने-अपने ढंग से शंकाएं उठायी हैं। इन दोनों कवि समीक्षकों ने 'कामायनी' के संबंध में काफ़ी सहानुभूति और अच्छी तैयारी के साथ लिखा है, और इनकी शंकाएँ पहली दृष्टि में संगत भी जान पड़ती हैं। कुशल और संवेदनशील रचनाकारों द्वारा उठायी गयी आपत्तियों के इस विवेचन में हम अपनी दृष्टि को और अधिक स्पष्ट तथा प्रशस्त कर सकते हैं।

मुक्तिबोध की आपत्ति यह है कि दर्शन सर्ग में श्रद्धा कई बार कहती है कि वह लोक-अग्नि में तप चुकी है। (मैं लोक-अग्नि में तप नितांत, आहुति प्रसन्न देती प्रशांत) पर हिमालय की घाटी में आ कर साधना करना तो लोक अग्नि में तपना नहीं, उससे अलग हटना है। कुछ इसी प्रकार का तर्क दिनकर का है। वे भी कहते हैं कि सारे कर्मवाद को व्याख्यायित करके श्रद्धा अंततः मनु को हिमालय के निर्जन प्रदेश में ले जाती है, जहाँ कर्म की संभावना नहीं।

जहाँ तक 'लोक अग्नि' का लाक्षणिक प्रयोग है, इसका मूल संदर्भ श्रद्धा का जननी-रूप है, और इसीलिए जहाँ 'लोक अग्नि' का प्रयोग आता है, वहाँ 'मातृ मूर्ति' का भी चित्र उभारा गया है। इड़ा के प्रति कहे गए श्रद्धा के ऊपर उद्धृत वाक्य का मूल भाव यही है कि श्रद्धा ने सृजन की पीड़ा झेली है, और फिर गृहस्थ जीवन के घात-प्रतिघातों को झेला है, जब कि इड़ा इस सब से अलग रही है। माँ का रूप और गृहस्थ जीवन सामाजिक जीवन में समायोजन और सहिष्णुता की पहली सीढ़ी है, और उस समय तो और भी अधिक जब कि सामाजिक जीवन और संगठन का सूत्रपात हो रहा था। श्रद्धा के लिए मनु और कुमार के साथ विविध अनुभव लोक-अग्नि की ही आँच है। लोक-अग्नि का और व्यापक समाज-सेवा का रूप तो क्रमशः आगे चलकर विकसित होता है। इसीलिए दर्शन सर्ग में मातृ मूर्ति की महिमा कई बार व्यंजित की गयी है—

वह लोक अग्नि में तप गल कर,
थी ढली स्वर्ण-प्रतिमा बन कर,
मनु ने देखा कितना विचित्र!
वह मातृ-मूर्ति थी विश्व मित्र।

और फिर मनु श्रद्धा से कहते हैं—

तुम देवि! आह कितनी उदार,
वह मातृ-मूर्ति है निर्विकार,
हे सर्वमंगले! तुम महती,
सब का दुख अपने पर सहती,

श्रद्धा पहली माँ है, और सृजन की पीड़ा से गुजरने के कारण तथा मनुष्य की पहली गृहस्थी शुरू करने में उसने शरीर की सीमाओं को तोड़ कर अपने

व्यक्तित्व को विस्तार दिया है। यह लोक-अग्नि को प्रज्वलित करने का पहला उपक्रम है, उसमें तपने की बात तो सभ्यता के विकास में आगे आती है। 'कामायनी' के अंतिम अंश में श्रद्धा का यह मातृ-रूप ही स्पृहणीय भाव से अंकित किया गया है, जो देव-सृष्टि में अकल्प्य था।

दिनकर की आपत्ति कथा के स्थूल स्तर पर है। जैसा पहले कहा जा चुका है, 'कामायनी' में कथा का वह स्थूल रूप ही नहीं है। पर यदि सचमुच पढ़ते समय कथा पर आग्रह रहे तो किसी हद तक यह असंगति कही जा सकती है कि मनु और श्रद्धा व्यावहारिक संसार-क्षेत्र को छोड़ कर हिमालय की ओर चले गए। तब कथा के इसी धरातल पर आपत्ति का शमन किया जा सकता है। पहली बात तो यह है कि जीवन के अनेक घात-प्रतिघातों के बाद मनु और श्रद्धा यदिं संन्यास की ओर उन्मुख होते हैं तो भी गृहस्थ रूप में—यह गृहस्थ और संन्यास का एक भावस्तर पर मिलना है, जिसे अपने जीवन में आधुनिक युग के मनीषी रामकृष्ण परमहंस और महात्मा गांधी ने अपने-अपने ढंग से प्रमाणित किया—

वे युगल वहीं अब बैठे
संसृति की सेवा करते,
संतोष और सुख दे कर
सब की दुख-ज्वाला हरते।

इस तरह मनु और श्रद्धा हिमालय पर कोई तपस्या नहीं करते, वे व्यावहारिक कर्म जीवन से कुछ अवकाश ले कर ही व्यापक सांसारिक जीवन में हिस्सा लेते हैं, और अपने अनुभव और चिंतन को प्रसारित करते हैं। संसार से वे संपृक्त हैं, पर उसमें लिप्त नहीं। इच्छा, ज्ञान और क्रिया को एक बिंदु से समग्र रूप में देख लेने के बाद लिप्त होने का प्रश्न रहता भी कहाँ है!

भारतीय जीवन में पुस्तकीय ढंग से जीवन के अंतिम पच्चीस वर्ष संन्यास आश्रम के लिए सुरक्षित कर देने के बाद, और इस सबका महिमा-गान करने के साथ लोगों को यह छूट मिल गयी कि कभी अवकाश ग्रहण न करें। व्यवहार में अवकाश-ग्रहण मृत्यु में ही माना गया, जीवन के चलते नहीं! इस प्रवृत्ति का रूप उत्तरोत्तर विकृत होता गया है, और स्वतंत्र भारत में तो 'देश को अभी हमारी जरूरत है' के नाम पर लोग एक सेवा से निवृत्त होते हैं दूसरी सेवा स्वीकार कर लेने के बाद। कभी-कभी तो लगता है कि देश में नौकरी की समस्या जवानों की नहीं बूढ़ों की है।

प्रसाद ने मानवीय जीवन के इस पक्ष पर विचार किया था, और वे जानते थे कि संन्यास को सर्वोच्च स्थिति मान कर भी लोग इस ओर सच्चे मन से उन्मुख नहीं होते। 'अजातशत्रु' नाटक में बिम्बसार महारानी वासवी से पूछते हैं, 'तुम कुछ समझती हो कि मनुष्य के लिए एक पुत्र का होना क्यों इतना आवश्यक समझा गया है?' और वासवी द्वारा बताए गए कारण में वे आगे जोड़ते हैं—'संसारी को त्याग, तितिक्षा या विराग होने के लिए पहला और सहज साधन है। पुत्र को समस्त अधिकार दे कर वीतराग हो जाने से अंसतोष नहीं होता, क्योंकि मनुष्य अपनी ही आत्मा का भोग उसे भी समझता है।'

यहाँ बड़ा सूक्ष्म मनोवैज्ञानिक तथ्य संकेतित किया गया है। मनु और श्रद्धा भी सारा अधिकार जैसे कुमार और इड़ा को सौंप कर अपने सक्रिय जीवन को कुछ सीमित कर लेते हैं। मनु स्वयं इसके लिए आसानी से तैयार नहीं होते। तब श्रद्धा उन्हें फिर समझाती है—

प्रिय! अब तक हो इतने सशंक,
दे कर कुछ कोई नहीं रंक;

प्रसाद ने इस समूची प्रक्रिया में संन्यास का नहीं, अवकाश-ग्रहण का रूप जैसे अंकित किया हो। 'कर्म का भोग, भोग का कर्म' यह चक्र भी कहीं न कहीं थिराना चाहिए, और यदि स्वयं ही कुछ सजग रूप से इसे थिराया जा सके तो वही काम्य है।

मनुष्य जीवन में स्वेच्छा से अधिकार-त्याग की भावना विकसित हो पाना मानवीय संस्कृति के विकास का एक अत्यंत महत्त्वपूर्ण चरण है। कवि ने मनु का आदिम रूप ईर्ष्या सर्ग में अंकित किया है—'इस पंचभूत की रचना में मैं रमण करूँ बन एक तत्त्व'। इसके पूर्व भी मनु ने घोषित किया है, वासना सर्ग में—

विश्व में जो सरल सुंदर हो विभूति महान,
सभी मेरी हैं, सभी करती रहें प्रतिदान।
यही तो, मैं ज्वलित वाड़व-वह्नि नित्य अशांत,
सिंधु लहरों सा करें शीतल मुझे सब शांत।

और ऐसे ही शब्दों और भंगिमा में मनु का इड़ा से भी मतभेद उग्र होता है। मनु के इस व्यक्तिवादी अधिकार-प्रिय रूप को क्रमशः परिशमित करना 'कामायनी' के कवि का कथा के स्तर पर एक प्रधान उद्देश्य रहा है। व्यक्तिवाद के परिशमन की इस वस्तु को दिनकर और मुक्तिबोध दोनों ने ही

ठीक-ठीक ग्रहण नहीं किया है। वस्तुतः 'कामायनी' में सांस्कृतिक विकास की मूल रचना-दृष्टि को समझ लेने पर पूरी प्रक्रिया स्पष्ट होती है। सर्गों के नामकरण और कथा के स्थूल ढाँचे से लेकर रचना-दृष्टि के विकास तक की प्रक्रिया को कवि ने एक संश्लिष्ट विधान बनाया है। और इसी से 'कामायनी' जीवन की सूक्ष्म और तात्त्विक समस्याओं से जूझती हुई भी काव्य है, दर्शन नहीं।

काव्य और दर्शन में अनुभव-स्तर की समानता होने पर भी उनकी भाषिक सर्जन-प्रक्रिया अलग-अलग है। यदि प्रसाद की ही शब्दावली का प्रयोग करते हुए कहें तो कह सकते हैं कि दर्शन में तर्क और विवेक की प्रक्रिया पर बल अधिक है, जब कि काव्य में आनंद की प्रधानता है। इसी से संबद्ध दर्शन की एक सीमा है। दर्शन जीवन का इतनी दूर तक और इतनी एकाग्रता के साथ विश्लेषण करना चाहता है कि इस सारी प्रक्रिया में विश्लेषण ही प्रधान और जीवन स्वयं में उपेक्षित हो जाता है। यही कारण है कि तत्त्व की खोज करते-करते दर्शन प्रायः व्यावहारिक जीवन से अलग हो जाता है। पर साहित्य का वैशिष्ट्य इसमें है कि वह जीवनानुभव का गहरा साक्षात्कार और संप्रेषण करते हुए भी जीवन की समग्र धारणा को पुष्ट करता चलता है, तत्त्व को महत्त्व देते हुए भी बाहरी रूप की पूरी चिंता रखता है।

दर्शन की भाषिक प्रक्रिया में, बहुत कुछ विज्ञान की तरह, शब्दों के निर्दिष्ट और चौकस प्रयोग पर बल है। काव्य में शब्द का समूचा अर्थ न लेकर, उसके अर्थ-विस्तार की सजगता उत्पन्न करते हुए भी उसकी किसी वैकल्पिक छाया की ओर संकेत किया जाता है। कभी-कभी एक शब्द की परस्पर मिलती-जुलती अर्थ-छायाओं के बीच तनाव उत्पन्न करके अर्थ और अनुभव को विकसित किया जाता है। काव्य में अर्थ का निश्चित रूप इसीलिए काम्य नहीं है कि वह ग्रहण किये जाने में एकबारगी खत्म न हो जाए। वहाँ अर्थ की एक दिशा है, जिस ओर वह गतिशील होता रहता है। इसीलिए जीवन की ही तरह काव्य में अर्थ की अनंत संभावना है।

दर्शन की भाषा में अर्थ का निश्चित रूप ग्रहण कराने के लिए दृष्टांत की बहुलता होती है, काव्य में अर्थ और अनुभव को विकसनशील बनाये रखने के लिए अप्रस्तुत विधान और बिंब योजना का केंद्रीय महत्त्व है। कभी-कभी तो एक ही प्रकार के उपकरणों से दर्शन का दृष्टांत और काव्य-बिंब दोनों बनते हैं। कुम्हार का घड़ा एक जगह दृष्टांत है, दूसरी जगह बिंब है। दर्शन में जहाँ वह दृष्टांत है, वह उक्ति का एक माध्यम भर है, जिससे

जीवन के किसी एक पक्ष पर प्रकाश डाला जा रहा है। घड़े का यह प्रयोग उसी तरह का है जिसे शिक्षा-शास्त्र में दृश्य उपकरण (विजुअल एड्स) का उपयोग कहते हैं। पर जब कबीर कहते हैं—'जल में कुंभ कुंभ में जल है बाहरि भीतरि पांनीं। फूटा कुंभ जल जलहिं समांनां यहु तत कथौ गियांनीं' तो यहाँ घट का बिंब अर्थ के 'स्पष्टीकरण' का साधन न बन कर स्वयं अर्थ के 'विकास की प्रक्रिया' हो जाता है। इस माने में बिंब काव्य का दृश्य उपकरण न होकर अर्थ की द्वंद्वात्मक प्रक्रिया है, जो क्रमशः अद्वैत की ओर उन्मुख होती है।

यहाँ इस स्तर पर काव्य की प्रक्रिया जीवन के समतुल्य चलती है, और उसे संपूर्ण भी बनाती है। मनुष्य के सारे ज्ञान-विज्ञान और सर्जन का प्रधान लक्ष्य है घटनाओं की एक ढेरी-से लगने वाले जीवन को सार्थकता प्रदान करना, या यदि और भी ठीक से कहें तो उसमें अर्थ और अन्विति की अनुभूति विकसित करना। काव्य का लक्ष्य भी अपने ढंग से अर्थ को विकसनशील रखना है। काव्य और जीवन की ये प्रक्रियाएँ समानांतर जैसी होती हुई भी परस्पर की टकराहट से एक-दूसरे को शक्ति देती हैं। यह विरोधी स्थितियों के संघर्ष का द्वंद्व जैसा नहीं, वरन् मिलती-जुलती प्रक्रियाओं का तनाव है। विशुद्ध भौतिक जीवन की द्वंद्व-प्रक्रिया से रचनात्मक जीवन की द्वंद्व-प्रक्रिया का यह अंतर है। काव्य और जीवन के तनाव में से अर्थ की विराट् सृष्टि का उपक्रम 'कामायनी' में होता है, जो दर्शन की नहीं, साहित्य की अपनी विशिष्ट क्षमता है।

■

३

'कामायनी' में भाषा संबंधी भूलों को लेकर बड़े-बड़े लेख प्रकाशित हुए हैं, और बहुत बार समीक्षक प्रसाद की भाषा विषयक लापरवाही की विस्तार में चर्चा करते हैं। इस प्रसंग में स्वभावत: यह जिज्ञासा और भी महत्त्वपूर्ण हो जाती है कि इन भूलों और ऐसी लापरवाही के बावजूद प्रसाद की रचना-प्रक्रिया और उनकी शीर्षस्थ कृति 'कामायनी' इन सारे स्तरों का अतिक्रमण करके रचनात्मक तथा वैचारिक संदर्भों में इतनी संगत और महत्त्वपूर्ण कैसे हो सकी है? डॉ० नगेन्द्र ने इस संदर्भ में लांजाइनस की उक्ति को ठीक ही स्मरण किया है, 'महान् प्रतिभा निर्दोषता से बहुत दूर होती है।' 'कामायनी' को लेकर यह बात एकदम सटीक बैठती है। पर उसके दोषों की चर्चा करना आसान है, कठिन है उन दोषों के साथ और बावजूद इस काव्य कृति के वैशिष्ट्य की व्याख्या करना।

इस बात की चर्चा पहले भी की गई है कि काव्य रचना में सामान्यत: भाषा के दो स्तर परिलक्षित किए जा सकते हैं—सामान्य वर्णन की भाषा और बिंबों की भाषा। कविता के रचना-विधान में बहुत बार बिंबात्मक भाषा अपने आंतरिक संस्पर्श से वर्णन की सामान्य भाषा को भी आलोकित करती चलती है। और यह तो स्पष्ट है कि कविता का अधिकांश वर्णन की सामान्य भाषा में होता है, जब कि कविता का पूरा रचना-संघटन कुछ विशिष्ट प्रयोगों से समग्रत: दीप्त हो उठता है। उदाहरण के लिए प्रसाद का एक प्रसिद्ध और संक्षिप्त गीत लिया जा सकता है—

बीती विभावरी जाग री!
अंबर पनघट में डुबो रही-
तारा-घट ऊषा नागरी।

खग-कुल कुल-कुल सा बोल रहा,
किसलय का अंचल डोल रहा,

लो यह लतिका भी भर लाई-
मधु मुकुल नवल रस गागरी।
अधरों में राग अमंद पिये,
अलकों में मलयज़ बंद किये-
तू अब तक सोई है आली!
आँखों में भरे विहाग री!

इस गीत के रचना-संघटन का यदि हम विश्लेषण करें तो जो बात आसानी से समझ में आ जाती है वह कविता का नाद-सौंदर्य है। पर यह भी स्पष्ट है कि अकेले नाद-सौंदर्य का कविता की रचना-प्रक्रिया में निर्मायक महत्त्व नहीं है। गीत के पूर्वार्द्ध में प्रात:काल का जो रूप अंकित हुआ है वह प्रधानत: वर्णनात्मक है। इन पंक्तियों में यद्यपि दो बिंब भी आते हैं—'ऊषा नागरी' तथा 'मधु मुकुल नवल रस गागरी', पर ये दोनों बिंब इतने बहुप्रयुक्त अप्रस्तुत विधान पर आधरित हैं (ऊषा की युवती, और कली की रस-गागर) कि इन्हें काव्य-बिंब संकोच के साथ ही कहा जा सकता है। खग-कुल और किसलय वाली पंक्तियाँ तो सीधे ही इतिवृत्त प्रधान और वर्णनात्मक हैं। अत: यहाँ तक कविता में नाद-सौंदर्य के अतिरिक्त कोई शक्ति विकसित नहीं होती।

पर अंतिम चार पंक्तियाँ कविता की सारी भंगिमा को बदल देती हैं। यहाँ कवि ने दो सर्वथा नये और उत्कृष्ट बिंब विकसित किए हैं—'अलकों में मलयज बंद किये' तथा 'आँखों में भरे विहाग' ('री' जानबूझ कर छोड़ दिया है, क्योंकि उसका विशेष प्रभाव नाद-सौंदर्य की दृष्टि से है)। दोनों बिंब—'मलयज', 'विहाग' एकशब्दीय हैं, और यदि उनका वैसा सूक्ष्म रूप न होता तो उन्हें बिंब कहना कठिन था। पर अपने सूक्ष्म और अमूर्त स्तर पर वे अर्थ की गहरी छायाएँ विकसित करते हैं। 'मलयज' से कोमलता, सुगंधि, आकर्षण, सलज्ज भाव, मादकता और इनसे मिलती-जुलती न जाने कितनी व्यंजनाएँ संभव होती हैं। यों, जैसा कहा गया, एक शब्द से बिंब-रचना प्राय: संभाव्य नहीं होती, हाँ प्रतीक का रूप बनता है। पर 'मलयज' के सूक्ष्म-अमूर्त रूप ने एक अकेले शब्द से ही एक समूचे बिंब का निर्माण होने दिया है। दूसरा बिंब आता है 'विहाग' का, जो वैसा ही सुकुमार, सूक्ष्म और अमूर्त है जैसा कि 'मलयज' का बिंब, और इसीलिए उतना व्यापक और संश्लिष्ट भी है। रात्रिकालीन राग 'विहाग' देर रात तक जागरण, खुमार, अलस भाव और संगीतात्मकता की विविध छायाओं को व्यंजित करता है।

और दोनों बिंबों की भाव-प्रक्रिया परस्पर संबद्ध है। इसी स्तर पर आ कर कविता का आरंभिक वर्णन अनुभव में रूपांतरित हो जाता है।

तो इस प्रसिद्ध गीत में कविता बनती है अंत के इन दो बिंबों के सहारे, जो क्रमशः पूरे गीत में परिव्याप्त हो जाती है पूर्वप्रभावी—रेट्रस्पेक्टिव—ढंग से। इन बिंबों के अभाव में पूरी कविता का नाद-सौंदर्य बेकार होता, और यह गीत प्रातःकाल का इतिवृत्तात्मक वर्णन मात्र हो कर रह जाता। अपने अमूर्त और सूक्ष्म बिंब-विधान में प्रसाद समूची आधुनिक कविता में बेजोड़ हैं। विशेषतः प्रणय-संदर्भों से अनुप्रेरित कवि की इस अनुभव प्रक्रिया को आचार्य रामचंद्र शुक्ल ने भली भाँति पहचाना था, पर आलोचक ने नैतिक दृष्टि के दबाव में इसे समर्थन नहीं दिया, यद्यपि कुछ आशंसा ज़रूर दी। प्रसाद की रचना-प्रक्रिया के इस विशिष्ट पक्ष को लेकर शुक्ल जी की समीक्षा में आस्वादन, आशंसा और खीज की मनःस्थिति मिली-जुली दिखाई देती है, जिसे व्यक्त करने के लिए समीक्षक ने स्वयं प्रसाद के जोड़ का एक बढ़िया और वैसा ही सूक्ष्म अमूर्त बिंब गढ़ा है 'मधुचर्या', जिसके सहारे उन्होंने छायावाद के एक विशिष्ट पक्ष की व्याख्या करनी चाही है—'अतः इनकी (प्रसाद की) रहस्यवादी रचनाओं को देख चाहे तो यह कहें कि इनकी मधुचर्या के मानस प्रसार के लिए रहस्यवाद का परदा मिल गया....' (हिंदी साहित्य का इतिहास—नई धारा)। इस एक समीक्षा-बिंब के सहारे शुक्ल जी ने प्रसाद के काव्य वैशिष्ट्य को समझना चाहा है, और जिससे हम स्वयं समीक्षक का कवि के प्रति आकर्षण-विकर्षण (एंबीवेलेंस) भाव समझ सकते हैं, शुक्ल जी के सूक्ष्म सौंदर्य ग्रहण और वैसे ही सूक्ष्म नैतिक अनुशासन के संश्लेष को विवेचित कर सकते हैं।

प्रसाद के उपर्युक्त गीत के इस विश्लेषण से हम एक ही कविता में सामान्य वर्णन की भाषा और बिंबों की पारस्परिक स्थिति और उनकी अंतर्प्रक्रिया को बेहतर ढंग से समझने की स्थिति में हो सकते हैं। अब इस अंतर्प्रक्रिया के विविध रूपों को 'कामायनी' में देखना कवि की रचना-प्रक्रिया को उसके व्यापक और विराट् रूप में समझना होगा।

प्रसाद काव्य में सामान्य वर्णन की भाषा प्रायः उपेक्षित-सी लगती है 'चित्राधार' से लेकर 'कामायनी' तक। उसमें व्याकरण, वाक्य-विन्यास, लय सभी को लेकर असावधानी देखी जा सकती है। यह भी स्मरणीय है कि प्रसाद की कला क्रमिक विकास की कला है, वे ऐसे कलाकार नहीं जो अपनी आरंभिक रचनाओं से ही पूरे साहित्य को आंदोलित कर देता है। पर

जहाँ रचना के अन्य सभी क्षेत्रों में प्रसाद का व्यक्तित्व उत्तरोत्तर निखरता गया है, वहाँ वर्णन की भाषा आरंभ से अंत तक एक जैसी शिथिल और उदासीन दिखाई देती है। दूसरी ओर कविं की बिंब-भाषा है, जो अपने विधान में अप्रतिम है, और जो कवि के रचना व्यक्तित्व में बराबर अधिक परिष्कृत, सूक्ष्म और अर्थवान होती गई है। प्रसाद की वर्णन-भाषा यदि सब से शिथिल है तो उनकी बिंब-भाषा निश्चय ही सबसे अधिक विकसित है।

प्रसाद की काव्य-भाषा के गठन में यह अंतर्विरोध जितना रोचक और अनुपम है, व्याख्या के स्तर पर उतना ही कठिन भी है। पर यह स्पष्ट देखा जा सकता है कि काव्य-भाषा के इस अंतर्विरोध का संबंध प्रसाद की अपनी कविता संबंधी दृष्टि से है। साहित्य चिंतन के एक प्रसंग में प्रसाद ने लिखा है,'दोनों कवियों (तुलसीदास-सूरदास) के शब्द-विन्यास कौशल पर विचार करने से यह स्पष्ट प्रतीत होगा कि जहाँ आत्मानुभूति की प्रधानता है, वहीं अभिव्यक्ति अपने क्षेत्र में पूर्ण हो सकी है। वहीं कौशल या विशिष्ट पद-रचना-युक्त काव्य-शरीर सुंदर हो सका है। इसीलिए, अभिव्यक्ति सहृदयों के लिए अपनी वैसी व्यापक सत्ता नहीं रखती, जितनी कि अनुभूति।' (काव्य और कला तथा अन्य निबंध, पृ० ४४) अनुभूति को यों एकांत महत्त्व देते-देते प्रसाद शब्द-विन्यास-कौशल की उपेक्षा कर देते हैं। अपनी इस मान्यता को उन्होंने स्पष्ट शब्दों में कहा है, 'कला की आत्मानुभूति के साथ विशिष्ट भिन्न सत्ता नहीं, अनुभूति के लिए शब्द-विन्यास-कौशल तथा छंद आदि भी अत्यंत आवश्यक नहीं।' (वही, पृ०.४३) पूरी काव्य कृति में अनुभूति की तीव्रता एक जैसी रह सके, यह स्वभावतः संभव नहीं है। जहाँ कवि ने बिंब रचे हैं वहाँ उसका अनुभव अपनी समग्रता में निखर कर आया है, और जहाँ, कवि के ही अनुसार, अनुभूति क्षीण है वहाँ 'शब्द-विन्यास-कौशल' भी उपेक्षित है।

इसमें संदेह नहीं कि शिथिल प्रसंग 'कामायनी' में थोड़े नहीं हैं। प्रायः हर सर्ग में इस तरह की कुछ पंक्तियाँ मिल जाती हैं। इन प्रसंगों की एक फेहरिस्त बन सकती है, पर उससे यहाँ हमारा कोई प्रयोजन सिद्ध नहीं होगा। मुख्य बात यह है कि व्याकरण और वाक्य-विन्यास की भूलों का अतिक्रमण रचना कैसे करती है। जैसा कहा गया, काव्य-भाषा के दो स्तर हैं। बिंब-भाषा जो रचना में अर्थ और इसलिए अनुभव को निरंतर विकसनशील बनाए रखती है, और सामान्य वर्णन-भाषा जिसकी प्रकृति इतिवृत्तात्मक और सूचनात्मक होती है। काव्य की रचना-प्रक्रिया में प्रधानता स्पष्ट ही बिंब-भाषा की होती है। फिर प्रसाद की काव्य-भाषा में तो बिंब

गठन इतना महत्त्वशाली है कि वर्णन की भाषा का अस्तित्व ही जैसे क्षीण हो जाता है। सामान्यतः जो व्याकरणिक भूलें हमारा ध्यान आकृष्ट करती हैं, वे रचना-वैभव के विशिष्ट संदर्भों में मिल कर अमहत्त्वपूर्ण हो जाती हैं। रचना के प्राथमिक स्तर को उच्च स्तर आप से आप अतिक्रमित कर देता है। यही कारण है कि वे भूलें अपनी जगह हैं, और यदि उन्हें अलग से उद्धृत किया जाए तो वे लगभग अक्षम्य भी लगती हैं, पर संपूर्ण रचना के गठन में उनका अस्तित्व स्वतः विलीन हो जाता है। इस दृष्टि से 'कामायनी' के दो आरंभिक वर्णनात्मक सर्गों 'चिंता' तथा 'आशा', या बीच के संवाद-प्रधान सर्ग 'कर्म', 'ईर्ष्या', और 'निर्वेद', तथा इसी तरह अंत के दो दार्शनिक विवेचनपरक सर्ग 'रहस्य' और 'आनंद' में व्याकरणिक भूलें अपेक्षया अधिक हैं। इनकी तुलना में 'श्रद्धा', 'काम', 'वासना', 'लज्जा', तथा 'इड़ा' सर्गों में भाषा समग्रतः स्वच्छ और निर्मल है, जहाँ बिंबों का वैभव समूचे आधुनिक काव्य में अतुलनीय है। 'सम्मेलन पत्रिका' (भाग—५५, संख्या-१, २) में एक निबंध प्रकाशित हुआ है 'कामायनी के वे स्थल जहाँ भावुकता में भाषा पथ भूल बैठी है'। लेख के भावुक और आलंकारिक शीर्षक को थोड़ा भुला कर यदि हम इसकी सामग्री का विश्लेषण करें तो पाते हैं कि विविध सर्गों के उल्लेख सहित उसमें कुल ३२ भूलों का संदर्भ दिया गया है। इन भूलों का सर्गों की दृष्टि से विभाजन किया जाए तो स्थिति इस प्रकार है—चिंता ८, कर्म ५, आशा ४, निर्वेद ४, श्रद्धा ४, लज्जा ४, ईर्ष्या १, इड़ा १, आनंद १, कुल संख्या—३२। इस तरह सामान्य वर्णन-संवाद-विवेचन प्रधान सर्गों में भूलों की संख्या २३ है, जब कि श्रद्धा, लज्जा और इड़ा में कुल मिला कर ९ भूलें संकेतित हैं। अकचक उठाए गए इस निबंध में निर्दिष्ट भूलों के विश्लेषण से 'कामायनी' के संदर्भ में बिंब-भाषा और वर्णन-भाषा की पारस्परिक स्थिति संबंधी उपर्युक्त मान्यता समर्थित होती है। भूलों के मार्जन के लिए हमारा कोई प्रयत्न नहीं है, वे न होतीं, इसकी कामना भी अब निरर्थक है, संपूर्ण रचना-प्रक्रिया में वे कैसे अप्रासंगिक हो जाती हैं, यही द्रष्टव्य है।

बिंब-विधान को जगह-जगह आचार्य रामचंद्र शुक्ल ने 'संश्लिष्ट' कहा है। इसका एक अच्छा प्रमाण प्रसाद का काव्य प्रस्तुत करता है। व्याकरणिक भूलें, जो सामान्य स्थलों पर मिलती हैं, उनके बिंब-प्रसंगों में प्रायः नहीं के बराबर हैं। इससे समझा जा सकता है कि बिंब और उसका अनुभव समग्रतः विकसित होता है। उसमें यदि भूल होगी तो पूरे संश्लेष में, न कि अलग-अलग टुकड़ों में। अनुभव को उसकी संपूर्णता और गति में पकड़ने के लिए

बिंब रचना साक्षात्कार का एक दक्षं उपाय है। साधारण शब्द अनुभव को जड़ और नि:शेष कर देता है। पर बिंब अनुभव को उसकी पूरी जटिलता और सूक्ष्मता में अंकित करता है। श्रद्धा सर्ग में श्रद्धा के सौंदर्य वर्णन के प्रसंग में मुस्कान का बिंबपरक अंकन प्रसिद्ध है—

और उस मुख पर वह मुसक्यान!
रक्त किसलय पर ले विश्राम
अरुण की एक किरण अम्लान
अधिक अलसाई हो 'अभिराम

यदि श्रद्धा की मुस्कान की तुलना केवल किरण से की जाती तो एक प्रतीक बनता (मुस्कान-किरण) और वह मुस्कान के अनुभव को ऐसे समग्र और सूक्ष्म रूप में व्यंजित न कर पाता। पर यहाँ एक पूरा बिंब रचा गया है—नये सूर्य की दूर से आती हुई किरण, जो कुछ थक गई है और एक रक्तिम, कोमल किसलय को पा कर क्षण भर के लिए—क्षण भर के लिए ही क्योंकि उसे दूर जाना हैं—विश्राम की मुद्रा में अलस भाव से लेटी हुई है। यह पूरा बिंब या भावचित्र कई तत्त्वों से निर्मित हुआ है, और उनका आपसी संबंध और टकराहट मुस्कान के रूप को अधिकाधिक गहरे और सूक्ष्म स्तर पर विकसित करते हैं, जहाँ उसकी ताज़गी, सूक्ष्मता, अलस भाव और सौंदर्य सब मिल कर एक संश्लेष बन जाते हैं। मुस्कान जितनी सूक्ष्म है उतनी ही कलापूर्ण और भावात्मक है। कवि ने अनुभव के इसी वैशिष्ट्य को अंकित करना चाहा है, और बिंब के सहारे अंकित करते-करते न केवल उसे अभिव्यक्त किया है, वरन् मानो स्वयं भी उसे और अच्छी तरह समझा है। भाषा इस स्तर पर आकर अभिव्यक्ति ही नहीं, अभिव्यक्ति और अनुभव दोनों एक साथ हो जाती है।

प्रसाद की बिंब-प्रक्रिया का वैशिष्ट्य कई रूपों में देखा जा सकता है। रचना के स्तर पर सबसे अधिक चिंता कवि को इस बात की है कि उसके बिंब अनुभव के सूक्ष्म और जटिल तराशों को भली भाँति रूपायित कर सकें। इसके लिए उसने मानवीय सौंदर्य के रीतिकाल, और फिर द्विवेदी युग में प्रचलित स्थूल अप्रस्तुत विधान को निरस्त करके बिंबों को नये सूक्ष्म स्तर पर विकसित किया है। स्थूल पदार्थ बाहरी और स्थिर सादृश्य को ही अधिकतर प्रस्तुत करते हैं, जब कि सूक्ष्म स्तरों से लिए गए बिंब प्रभाव और अनुभव-प्रक्रिया को व्यंजित करते हैं। प्रसाद के प्रसिद्ध बिंबों की बनावट में इंद्रजाल, चाँदनी, सौरभ, मलयज, किसलय पर अलसाती किरण, शून्य, ज्योत्स्ना-

निर्झर, सिंधु की हिलकोर, दक्षिण का समीर विलास जैसे अपेक्षया अमूर्त तत्त्वों का प्रयोग अधिक हुआ है। जहाँ बिंब-विधान के परंपरित तत्त्व को लिया भी गया है, वहाँ उसे सर्वथा नया संदर्भ देने का प्रयत्न कवि ने किया है। श्रद्धा के सौंदर्य वर्णन के प्रसंग में शरीर के अधखुले अंग को रूपायित करने के लिए कवि ने फूल का बिंब लिया है, पर यह फूल साधारण नहीं है—

खिला हो ज्यों बिजली का फूल
मेघ-बन बीच गुलाबी रंग।

'बिजली का फूल' कितना सूक्ष्म होगा, उसमें कितनी तड़प और चमक होगी, इसका अनुभव यह बिंब भली भाँति संप्रेषित और विकसित करता है। ऐसा ही एक अन्य प्रसंग तब आता है जब काम अपनी पुत्री का सौंदर्य वर्णन मनु की अंतश्चेतना में करता है—

रंगों ने जिन से खेला हो
ऐसे फूलों की वह डाली

यहाँ भी बिंब का आधारभूत तत्त्व फूल है, पर 'रंगों ने जिनसे खेला हो' कह कर कवि ने फूलों की आकृति को पीछे करके रंग-वैभव और उसके उल्लास को सूक्ष्म स्तर पर संप्रेषित किया है। ऐसे अनेक प्रसंग मिलेंगे, जहाँ कवि अपेक्षया स्थूल उपकरण को लेकर भी उसके सूक्ष्म रूप और अनुभव को ही अभिव्यक्ति देता है। छायावादी काव्य-विधान का विश्लेषण करते हुए प्रसाद ने अपने छायावाद विषयक निबंध के अंत में 'मोती के पानी' और उसकी आभा का जो उल्लेख किया है उसका वास्तविक रूप इन बिंब-विधानों में समझा जा सकता है।

मोती की आब जैसे प्रसाद के सूक्ष्म और अमूर्त बिंब-विधान के दो-एक उदाहरण यहाँ देना समीचीन होगा। यहाँ आब या चमक अर्थ की गतिमयता से उत्पन्न होती है। मनु प्रेम और उसके आकर्षण की मादकता का पहला अनुभव कर रहे हैं। स्मरणीय है कि यह मानवीय सृष्टि का प्रथम प्रणयानुभव है, क्योंकि देव सृष्टि में स्थूल भोग-विलास था, काम का अनंग रूप और सूक्ष्म प्रणय-स्तर मानवीय सृष्टि में ही विकसित होता है। तो इस प्रथम प्रणयानुभव की मादकता और बेचैनी काम सर्ग में मनु के स्वगत में व्यक्त होती है—

है स्पर्श मलय के झिलमिल सा
संज्ञा को और सुलाता है

पहले प्रणय-स्पर्श का सूक्ष्म अनुभव वैसे ही सूक्ष्म बिंब-विधान में विकसित हुआ है। 'मलय' अपने में अमूर्त तत्त्व है, उसे और सूक्ष्म तथा अमूर्त बनाने के लिए कवि 'झिलमिल' का प्रयोग करता है, फिर एक सामान्य-सा अव्यय 'सा' उस 'झिलमिल' की प्रकृति को और अनिर्दिष्ट बना देता है। एक-एक शब्द व्याकरणिक और काव्य रचनात्मक दृष्टि से सावधानी के साथ प्रयुक्त हुआ है, 'सा' का प्रयोग जिसका अच्छा उदाहरण है। भाषा को लेकर अन्यत्र मिलने वाली शिथिलता यहाँ बिलकुल अनुपस्थित है। अनावश्यक तराश नहीं तो लापरवाही भी नहीं है। और इस संतुलन में 'मलय के झिलमिल' की बिंब-प्रक्रिया पहले मानवीय प्रणय की सूक्ष्म और जटिल अनुभूति को कला के स्तर पर वैसे ही अस्पष्ट रूप में व्यंजित करती है, जैसी अस्पष्ट और अनिर्दिष्ट वह मनु के लिए रही होगी। यह जीवन और अनुभव की कला के रूप में पुनर्रचना है।

मनोविकारों का रूप अपने में सूक्ष्म है, फिर आदिम मानव के क्रमशः जटिल होते हुए मनोविकारों की पकड़ और कठिन है। पर प्रसाद की 'कामायनी' में तो यह सारी प्रक्रिया प्रधान वस्तु का अंग है। और कवि ऐसे कठिन अंकनों में कहीं झिझका नहीं, इन अस्पष्ट और सूक्ष्म अनुभवों का वह गहरा साक्षात्कार संभव करता है। मनु के सच्चे प्रणय-निवेदन को सुन कर और यह समझ कर कि मनु पहली बार श्रद्धा को 'विश्वरानी! सुंदरी नारी!' के रूप में पहिचान रहे हैं, श्रद्धा के मन में प्रणय के प्रतिदान और उससे उत्पन्न व्रीड़ा और अनिश्चय का जो प्रथम अनुभव होता है उसका सूक्ष्म कलात्मक अंकन कवि इस प्रकार करता है—

> **धूम लतिका सी गगन तरु पर न चढ़ती दीन**
> **दबी शिशिर निशीथ में ज्यों ओस भार नवीन।**
> **झुक चली सव्रीड़ वह सुकुमारता के भार,**
> **लद गई पाकर पुरुष का नर्ममय उपचार;**

पुरुष और नारी के लिए वृक्ष और लता का बिंब पुराना है। पर इस अतिपरिचित बिंब के भीतर आकाश के वृक्ष, और शिशिर की रात में ओस के भार से दबती किंतु ऊपर उठने का यत्न करती धुएँ की लता का रूप, पुरुष तथा नारी के नये और सुकुमार संबंधों को एक नये अनुभव-स्तर पर विकसित करता है। जिसे प्राचीनों ने 'भाव शबलता' या मिलते-जुलते शब्दों से अभिहित किया है उससे व्यापकतर अनुभव संश्लेष की अभिव्यक्ति के लिए 'बिंब में बिंब' के ऐसे प्रयोग बड़े दक्ष और सार्थक सिद्ध होते हैं।

तरह-तरह के जटिल बिंब-विधान पर प्रसाद का असाधारण अधिकार है। एक का उल्लेख अभी हुआ। यहाँ एक प्रचलित स्थूल बिंब के भीतर एक अन्य सूक्ष्म बिंब को विकसित किया गया है। ऐसे भी स्थल हैं जहाँ कवि ने दो सूक्ष्म बिंबों को एक दूसरे पर संयुक्त और आरोपित कर के (व्याकरण की संयुक्त क्रियाओं की तरह) अनुभव को व्यक्त करना चाहा है। 'आँसू' में ऐसे प्रयोग प्रायः आते हैं, 'कामायनी' में भी अनेक उदाहरण हैं। देव सृष्टि के विनाश पर श्रद्धा सर्ग के आरंभ में मनु को सारा जीवन अर्थहीन और निःसार लगता है, इसकी अभिव्यक्ति उन्होंने एक पूरी बिंब-माला में की है—

क्या कहूँ, क्या हूँ मैं उद्भ्रांत?
विवर में नील गगन के आज
वायु की भटकी एक तरंग,
शून्यता का उजड़ा सा-राज

बिंब-माला फिर आगे बढ़ती है, तथा उसमें 'विस्मृति का स्तूप' और कई अन्य बिंब विकसित होते हैं। उद्धृत पंक्तियों में 'शून्यता का उजड़ा सा-राज' आरोपित बिंब-प्रक्रिया का अच्छा उदाहरण है। शून्य अपने में ही जीवन की निःसारता को व्यक्त करने के लिए प्रचलित प्रतीक या बिंब-जिस भी रूप में प्रयुक्त किया जाए—है। उसे और सूक्ष्म बनाने के लिए 'शून्यता' का प्रयोग किया गया। फिर 'उजड़ा राज' भी विनाश और निःसारता का द्योतक है। यहाँ 'शून्यता' के बिंब पर 'उजड़ा राज' के बिंब को आरोपित करके अनुभव को अधिक सूक्ष्म धरातल पर उतारा गया है। 'उजड़ा सा' में 'सा' उजड़ने के भाव को कम न करके और फैला देता है। इस प्रक्रिया में कवि ने बिंब को सूक्ष्म करके उसे अधिक संश्लिष्ट बनाया है। यदि सूक्ष्म और फलतः संश्लिष्ट न बनता तो अपने अकेले रूप में 'शून्य' एक प्रतीक रह जाता।

बिंब पर बिंब को आरोपित करना प्रसाद के रचना-विधान का एक प्रमुख अंग है। इसके अतिरिक्त कहीं-कहीं प्रतीक और बिंब को परस्पर संपृक्त भाव से विकसित किया गया है। प्रतीक एक सूक्ष्म तत्त्व को विकसित करने के लिए अपेक्षया एक स्थूल विधान है (सूर्य ज्ञान का प्रतीक है, अँधेरा विभ्रम या पाप का प्रतीक है, कमल स्निग्धता और मंगल का प्रतीक है)। कालांतर में प्रतीक बहुप्रचलित और स्वीकृत हो जाते हैं, जैसे कि उपर्युक्त प्रतीक हो गये हैं। फिर कविता के विकास क्रम में नये प्रतीक बनते हैं और क्रमशः स्वीकृत होते हैं। दूसरी ओर बिंब का निर्माण कई तत्त्वों से होता है।

और ये तत्त्व पूर्व परिचित रहने पर भी इनका परस्पर संबंध और संपर्क हर बिंब में नये रूप में परिकल्पित और विकसित होता है। इन उपकरणों का आपसी रिश्ता और उनकी टकराहट बिंब को कभी स्थिर और जड़ न होने दे कर बराबर अर्थ को विकसनशील बनाए रखती है। इस दृष्टि से हर बिंब की संश्लिष्ट रचना-प्रक्रिया अपने में अलग और स्वायत्त है।

प्रसाद की काव्यभाषा में प्रतीकों के माध्यम से बिंब को विकसित करने की सूक्ष्म और सुकुमार प्रक्रिया देखी जा सकती है। इड़ा सर्ग का प्रसिद्ध गीत है—'जीवन निशीथ के अंधकार!' यहाँ अंधकार मनु के अपने ही मन के विभ्रम का प्रतीक है। इस अंधकार के समूचे अनुभव को और अधिक सूक्ष्म तथा जटिल स्तर पर प्रेषणीय बनाने के लिए कवि एक बिंब-माला की रचना करता है। इन बिंबों में कच्ची इच्छाओं के जलने का धुआँ है, 'यौवन मधुवन की कालिंदी' है, मायाविनी युवती के नेत्रों का अंजन है, और अतीत के धुँधले चित्रों का संकलन है। इस पूरे छंद में एक प्रतीक, तथा उसके लिए प्रयुक्त कई बिंबों का परस्पर गठन इतना संश्लिष्ट है कि अर्थ की प्रक्रिया बड़ी सघन और भारी, यद्यपि निर्मल लगती है। रचना में अर्थ कैसे अशेष रूप में रहता है, और कभी पूरी तरह खत्म नहीं किया जा सकता, यह प्रसाद और उनकी 'कामायनी' के रचना-विधान में और बिंब-गठन में अच्छी तरह से समझा जा सकता है। बिंब और बिंब, तथा प्रतीक और बिंब के विविध संघटन प्रसाद की सुकुमार और संवेदनशील कला को प्रमाणित करते हैं।

बिंब-रचना का यह रूप चमत्कारप्रियता या रूपवाद से प्रेरित नहीं है। जैसा पहले दिखाया गया (पृ० ४२) प्रसाद अनुभूति को अतिशय महत्त्व देने वालों में हैं। बिंबों के उत्कृष्ट प्रयोगकर्त्ता होने के बावजूद इसीलिए प्रसाद 'बिंबवादी' नहीं कहे जा सकते। उनकी मूल दृष्टि हर सच्चे रचनाकार की तरह यही है कि मानवीय अनुभव के सूक्ष्म, जटिल और संश्लिष्ट रूपों को कैसे कला के स्तर पर विश्वसनीय ढंग से अंकित किया जाए। उसके बिंब-प्रयोग मानवीय अनुभव तथा उसकी अर्थवत्ता को विकसित और प्रशस्त होने देते हैं। इस अर्थ की प्रतीति गहरे स्तरों तक करा सकना जीवन और बिंब-प्रक्रिया को परस्पर जोड़ता है, और कुशल कवि के रचना-विधान में दोनों प्रक्रियाएँ संश्लिष्ट हो जाती हैं। और तब रचना में अर्थ उसी प्रकार गतिमान रहता है, जैसे कि स्वयं जीवन में। इसी संदर्भ में मुक्तिबोध ने अपने 'पुनर्विचार' की भूमिका में कहा है, 'कामायनी जीवन की पुनर्रचना है।' यह पुनर्रचना कैसे संभव हुई है, यह समझना और समझाना ही समीक्षक का मुख्य दायित्व है।

यह पहले ही संकेत किया गया कि 'कामायनी' की रचना-दृष्टि मानवीय संस्कृति के संचरण—विशेषत: भारतीय संदर्भ में—तथा उसके समकालीन संकट पर विचार को लेकर विकसित होती है। मनु आरंभ से ही जीवन की अर्थवत्ता पर प्रश्न चिह्न लगाते हैं, और उनके श्रद्धा तथा इड़ा के संबंधों के बीच जीवन के अर्थ की तलाश जारी रहती है। इस तलाश के दौरान रचनाकार की उपपत्ति है कि देव-सृष्टि की तुलना में मानवीय सृष्टि नश्वर, और फलतः सर्जनात्मक होने के कारण अधिक सार्थक है। जीवन दृष्टि की यह सार्थकता भाषिक स्तर पर भी अर्थ के गहरे और सूक्ष्म विकास से जुड़ी हुई है। और इस तरह अपने श्रेष्ठ तथा बिंबपरक अंशों में 'कामायनी' अनुभव और भाषा के अद्वैत को प्रमाणित करती है। दोनों के अभेद, पर कलात्मक तनाव से उत्पन्न द्वंद्व समूची रचना को गतिशील बनाता है, उन अंशों को भी जो अपनी सामान्य वर्णन-भाषा में शिथिल हैं। मानवीय सृष्टि का वैशिष्ट्य उसकी सर्जनात्मक क्षमता है, और 'कामायनी' स्वयं इस सर्जनात्मक क्षमता का श्रेष्ठ उदाहरण है। बिंब विधान और रचना-प्रक्रिया का मानवीय रूप देव-सृष्टि के लिए निश्चय ही स्पृहणीय होगा।

मानवीय सृष्टि और संस्कृति का आख्यान कवि ने इस रूप में किया है कि वह स्थूल जीवनादर्शों से परिचालित देव-सृष्टि की तुलना में सूक्ष्म स्तर पर गतिशील है। अमर देव-सृष्टि भोग विलास और 'सुख, केवल सुख' की संस्कृति थी, मनुष्य की संस्कृति मरणशीलता से बँध कर भी प्रेम और सर्जन के सूक्ष्म आधारों पर विकसित होती है। नयी मानवता के इस स्वरूप की व्याख्या 'कामायनी' के संपूर्ण विधान में अनुस्यूत है। मनु की संकीर्ण स्वार्थी प्रवृत्ति से चिंतित और परेशान होकर श्रद्धा कर्म सर्ग में पूछती है—

मनु! क्या यही तुम्हारी होगी
उज्ज्वल नव मानवता?

'नव मानवता' के रूप की चिंता श्रद्धा और इड़ा को भी अपने-अपने ढंग से है। मनु को साथ लेकर इन तीनों की टकराहट में (समन्वय में नहीं) रचनाकार की दृष्टि क्रमशः विकसित होती है। इस संदर्भ में मनु के श्रद्धा और इड़ा से हुए कई विवाद (कर्म, ईर्ष्या और संघर्ष सर्गों में) महत्त्वपूर्ण हैं। ईर्ष्या सर्ग में वे श्रद्धा से स्पष्ट कहते हैं—

श्रद्धे ! यह नव संकल्प नहीं—
चलने का लघु जीवन अमोल;

मैं उसको निश्चय भोग चलूँ
जो सुख चलदल-सा रहा डोल!

देव संस्कारों के अवशेष रूप में मनु के मन में भोगवादी प्रवृत्ति ही प्रबल है। भावी जननी की आने वाली संतान के प्रति स्नेह-कामना उन्हें सह्य नहीं, क्योंकि सीमित एकाकी व्यक्तित्व को असीमित और विस्तृत बनाने वाले, मनुष्य में नये विकसित हुए प्रेम के सूक्ष्म तत्त्व से वे अपरिचित हैं। क्षणिक सुखों को 'भोग चलूँ' यह उनकी मुख्य दृष्टि है। स्वभावत: श्रद्धा द्वारा प्रस्तावित मानवता का 'नव संकल्प' उन्हें स्वीकार्य नहीं। पुनरुत्थानवादी (रिवाइवलिस्ट) मनोवृत्ति के होने के कारण वे नयी सृष्टि में भी पुरानी देव संस्कृति के रूप को ही पुनर्प्रतिष्ठित करना चाहते हैं, 'नव मानवता' के 'नव संकल्प' से उनका सहज विरोध है। श्रद्धा से वे कहते हैं—

स्वर्ग बनाया है जो मैंने
उसे न विफल बनाओ;
अरी अप्सरे! उस अतीत के
नूतन गान सुनाओ।

पर श्रद्धा अपने को 'अप्सरी' नहीं, मानवी के रूप में देखती है, और स्वर्ग की परंपरित महत्ता का तिरस्कार कर के धरती पर आत्मशक्ति को विकसित करती है। वह अतीत से अपने को बाँधती नहीं, वरन् भविष्य के सारे ख़तरों के साथ उसकी ओर उन्मुख होती है।

मनु के साथ अपने विवादों में श्रद्धा 'नव मानवता' के रूप की कई संदर्भों में व्याख्या करती है। स्वार्थ पर विजय पा कर प्रेम तत्त्व को विकसित करना ('यह एकांत स्वार्थ भीषण है', वह कहती है), और रचनाशील हो कर मरणधर्मी शरीर की सीमाओं का अतिक्रमण कर जाना उसके 'नव संकल्प' की प्रधान उपपत्तियाँ हैं। आदिम प्रवृत्तियों से आक्रांत मनु को वह 'सविनय' समझाती है—

रचना-मूलक सृष्टि यज्ञ यह
यज्ञ पुरुष का जो है;
संसृति सेवा भाग हमारा
उसे विकसने को है!

मानवीय संस्कृति में यह रचना का आधार है, जो जैविक सृष्टि के स्थूल स्तर से आरंभ होकर (श्रद्धा सृष्टि की पहली माँ है) साहित्य, दर्शन और विज्ञान

के सूक्ष्म स्तरों तक परिव्याप्त है। देव सृष्टि में अकल्प्य श्रद्धा का प्रणय भाव, और उसका जननी-रूप भावात्मक स्तर पर भी संबद्ध है। मानवीय सृष्टि के 'आरंभिक' प्रणय का उल्लेख इसी प्रसंग को लेकर ईर्ष्या सर्ग में होता है—'श्रद्धा का प्रणय और उसकी। आरंभिक सीधी अभिव्यक्ति।' देव सृष्टि में 'विलास वितान तना' था, यह उनका 'सहचर' काम बताता है। प्रणय भाव तो मानवीय सृष्टि में ही काम के 'अनंग' होने के साथ विकसित हुआ। और श्रद्धा के माध्यम से प्रणय की यह 'आरंभिक सीधी अभिव्यक्ति' संभव होती है।

आज बीसवीं शती में हम मनुष्य के पूरे मानसिक विकास और संश्लेष से परिचित हैं। पर 'कामायनी' तो इस क्रमिक विकास और संश्लेष का ही आख्यान है। अत: प्रसाद को यह सावधानी भी बरतनी थी कि उन्हें विकसित भाषा से अविकसित मन की बात कहना है। उत्तरोत्तर जटिल और संश्लिष्ट होते मनुष्य के मन और व्यक्तित्व का गतिशील अंकन तभी संभव था जब कि भाषा का रचना-आधार उतना ही तनावपूर्ण और द्वंद्वात्मक हो। कवि ने इसीलिए बिंबों में सूक्ष्म अनुभव को संप्रेषित किया है, जो अर्थ की सुकुमारता को क्षत किए बिना उसकी विकसनशीलता को अक्षुण्ण रखने के सब से दक्ष साधन हैं।

इसके लिए आधुनिक कवि शब्द-प्रयोगों में एक ही शब्द की परस्पर मिलती-जुलती छायाओं का द्वंद्व परिचालित करता है। संस्कृत और मध्यकालीन हिंदी काव्य में श्लेष के सहारे एक शब्द के कई-कई अर्थ संभव किए जाते थे। इस प्रक्रिया में बल अधिकतर चमत्कार और कौशल पर था, अर्थ को सघन और विकसनशील बनाने पर नहीं। चमत्कार की कसौटी यही थी कि कितने असंबद्ध अर्थ एक शब्द के सहारे जुटाए जाएँ, यद्यपि कुशल कवि लाक्षणिक अर्थों की भावात्मक अन्विति पर ही ध्यान देते थे। 'कहै कबीर गुर दिया पलीता सो झल बिरलै देखी', यहाँ 'झल' में प्रकाश और आध्यात्मिक अनुभूति के अर्थ परस्पर संबद्ध हैं। इसलिए यहाँ चमत्कार प्रधान नहीं, वरन् अर्थ को प्रशस्त करने का गहरा उपक्रम है।

सहज श्लेष प्रयोगों के सहारे रत्नाकर ने 'उद्धव शतक' में अपना प्रसिद्ध सांग रूपक बाँधा है—'रस के प्रयोगनि के सुखद सुजोगनि के जेते उपचार चारु मंजु सुखदाई हैं।' इस कवित्त में गोपियों का कठोर विरह और विषम ज्वर तुलनीय हैं, और श्लिष्ट शब्द समान संगति और उपयुक्तता के साथ दोनों सदृश संदर्भों में अर्थ ध्वनित करते हैं। कहीं भी दूरारूढ़ अर्थ की आवश्यकता नहीं होती। इस दृष्टि से आधुनिक काल के आरंभ में रचित यह

श्लेषयुक्त लंबा सांग रूपक रीति-काल की अपनी कला को भी समृद्धतर बनाता है। पर श्लेष के दोनों पक्षों में समा कर अर्थ समाप्त हो जाता है।

आधुनिक रचनाकार के बिंब-प्रयोग श्लेष के भिन्न अर्थों को न ले कर एक ही शब्द की कई मिलती-जुलती अर्थ छायाओं में हल्का तनाव उत्पन्न करते हैं, और इस तरह अर्थ को सूक्ष्म स्तर पर गतिशील रखते हैं। श्रद्धा की मुस्कान के अंकन के लिए किसलय पर अलसाई किरण का बिंब पहले चर्चित हुआ है। यहाँ 'अलसाई' शब्द में थकान का जितना आलस है, उतना ही सौंदर्य और मद का आलस है,. और साथ ही अलसाने की संक्षिप्त अवधि भी व्यंजित होती है। इसी तरह अलसाने में जितनी थकन की व्यंजना है उतनी ही ताज़गी की भी। एक सामान्य नामधातु की इन विविध संबद्ध छायाओं के परस्पर तनाव से वैसा हीं सूक्ष्म और सुकुमार प्रभाव निर्मित होता है जैसा श्रद्धा के सौंदर्य अनुभव के लिए कवि रचना-स्तर पर उचित मानता है। एक कुशल कवि के लिए कहने और न कहने के बीच सही अनुपात साध पाना कितना जरूरी है, यह ऐसे ही संवेदनशील अंकनों में समझा जा सकता है। छायावाद के बाद नयी कविता के कुछ समर्थ रचनाकारों ने तो बिंब-विधान में प्रस्तुत-अप्रस्तुत के द्वैत को भी छोड़ कर साधारण-से लगने वाले वर्णन को ही बिंब के रूप में ढाल दिया है। रघुवीरसहाय की अनेक कविताओं में वर्णन का रूप बिंब में परिणत हो जाता है। पर वह बिंब की अपनी विकास-प्रक्रिया में आगे की बात है।

'कामायनी' आधुनिक हिंदी काव्य में अर्थ और अनुभव की अद्वैत-प्रक्रिया का बेजोड़ उदाहरण है। उसके बिंबों की असाधारण रचना शक्ति में उसकी सामान्य वर्णन भाषा की शिथिलता विलुप्त हो जाती है। स्थूल वर्णन और सूक्ष्म अनुभव एक दूसरे के साथ कभी-कभी अटपटे लगने पर भी परस्पर कुछ वैसा ही संबंध रखते हैं जैसा कि इड़ा संघर्ष सर्ग में बताती है—'देश-कल्पना काल-परिधि में होती लय है।' स्थूल वर्णन उसी तरह सूक्ष्म अनुभवों में विलीन हो जाते हैं, और फिर 'काल खोजता महाचेतना में निज क्षय है।' देश, काल और महाचेतना के उत्तरोत्तर सूक्ष्म होते स्तरों का एक-साथ अनुभव 'कामायनी' संभव करती है। काव्य की ऐसी अर्थ-क्षमता की व्याख्या में अज्ञेय ने एक कविता लिखी है—

मैं कवि हूँ

द्रष्टा, उन्मेष्टा,

संधाता,

अर्थवाह,
मैं कृतव्यय।
मैं सच लिखता हूँ :
लिख-लिख कर सब
झूठा करता जाता हूँ।

तू काव्य :
सदा-वेष्टित यथार्थ
चिर-तनित,
भारहीन, गुरु
अव्यय।
तू छलता है
पर हर छल में
तू और विशद, अभ्रांत,
अनूठा होता जाता है।

कवि और काव्य का यह रचना-संबंध प्रसाद और 'कामायनी' के बीच है।

■

परिशिष्ट

१

'कामायनी' का आमुख और रचना-विधान का संदर्भ

''यह आख्यान इतना प्राचीन है कि इतिहास में रूपक का भी अद्‌भुत मिश्रण हो गया है। इसीलिए मनु, श्रद्धा और इड़ा इत्यादि अपना ऐतिहासिक अस्तित्व रखते हुए, सांकेतिक अर्थ की भी अभिव्यक्ति करें तो मुझे कोई आपत्ति नहीं। मनु अर्थात् मन के दोनों पक्ष, हृदय और मस्तिष्क का संबंध क्रमशः श्रद्धा और इड़ा से भी सरलता से लग जाता है। 'श्रद्धां हृदय्य याकूत्या श्रद्धया विन्दते वसु!' (ऋग्वेद १०-१५१-४) इन्हीं सब के आधार पर 'कामायनी' की कथा-सृष्टि हुई है। हाँ 'कामायनी' की कथा-शृंखला मिलाने के लिए कहीं-कहीं थोड़ी बहुत कल्पना को भी काम में ले आने का अधिकार मैं नहीं छोड़ सका हूँ।''

—जयशंकर प्रसाद : 'कामायनी', आमुख

''प्राचीन जलप्लावन के उपरांत मनु द्वारा मानवी सृष्टि के पुनर्विधान का आख्यान लेकर इस प्रबंध काव्य की रचना हुई है। काव्य का आधार है मनु का पहले श्रद्धा को फिर इड़ा को पत्नी-रूप में ग्रहण करना तथा इड़ा को वंदिनी या सर्वथा अधीन बनाने का प्रयत्न करने पर देवताओं का उन पर कोप करना। 'रूपक' की भावना के अनुसार श्रद्धा विश्वास-समन्वित रागात्मिका वृत्ति है और इड़ा व्यवसायात्मिका बुद्धि। कवि ने श्रद्धा को मृदुता, प्रेम और करुणा का प्रवर्त्तन करने वाली और सच्चे आनंद तक पहुँचाने वाली चित्रित किया है। इड़ा या बुद्धि अनेक प्रकार के वर्गीकरण और व्यवस्थाओं में प्रवृत्त करती हुई कर्मों में उलझाने वाली चित्रित की गई है।''

—रामचंद्र शुक्ल : 'हिंदी साहित्य का इतिहास', पृ० ५९७

''तीसरी पद्धति प्रकृत काव्य-पद्धति है, जिसमें समस्त वस्तु-निरूपण और भाव-वर्णन स्वाभाविक रूप में रहा करता है और अपना साध्य आप ही होता है। प्रसादजी के 'कामायनी' काव्य की रचना प्राकृतिक भाव-भूमि

पर ही की गई है, यद्यपि उसमें एक दार्शनिक तथ्य-निर्देश भी हुआ है। प्रसाद ने मानव-वृत्तियों का निरूपण करने वाले अपने काव्य में एक दार्शनिकता का आभास अवश्य दिया है, पर वह दार्शनिकता काव्य का अंग बनकर आई है और उसकी प्रकृत भावना-भूमि पर ही अधिष्ठित है। वह काव्य के वस्तु-वर्णन और उसके भावात्मक स्वरूप को किसी प्रकार ठेस नहीं पहुँचाती। इस प्रकार हम देखते हैं कि 'कामायनी' काव्य अन्योक्ति तो है ही नहीं, उसे समासोक्ति भी नहीं कहा जा सकता। उसमें एक दार्शनिक अंतर्धारा मिलती है; परंतु वह काव्य की स्वाभाविक भाव-व्यंजना से अभिन्न और तद्रूप होकर आई है।"

—नंददुलारे वाजपेयी : 'जयशंकर प्रसाद', पृ० १०५

"इस प्रकार कामायनी निस्संदेह ही रूपक है। प्रसादजी ने कथा के मूल तत्त्वों को ऐतिहासिक मानते हुए उनके आधार पर ऐतिहासिक महाकाव्य की रचना का उपक्रम किया था। किंतु कथा का सांकेतिक रूप उनके मन में आरंभ से अंत तक वर्तमान था और मन के विकास का प्राचीन वैदिक रूपक उनको वैसे भी अत्यंत प्रिय था।"

—नगेन्द्र : 'कामायनी के अध्ययन की समस्याएँ', पृ० ५०

'कामायनी' के रचना-विधान को समझने में उसके 'आमुख' ने कभी-कभी बाधा उपस्थित की है। यों भी किसी कवि का केंद्रीय कृतित्व उसका काव्य है, उसके बारे में उसका वक्तव्य नहीं। अपने 'आमुख' में प्रसाद 'कामायनी' की रचना-प्रक्रिया के संबंध में अंतिम अंश में ही कुछ उल्लेख करते हैं। आरंभ में लंबा विवेचन तो मनु-श्रद्धा-इड़ा के प्राचीन आख्यान से संबद्ध है। प्रसाद ने स्वयं उसका किस रूप में रचनात्मक उपयोग किया है, इस संबंध में उन्होंने अपनी संक्षिप्त टिप्पणी अंतिम कुछ पंक्तियों में दी है।

और इन अंतिम पंक्तियों ने जब-तब 'कामायनी' के पाठकों को भरमाया है—उसके इतिहास और रूपक पक्ष को लेकर, उसकी समूची परिकल्पना को भी लेकर। यहाँ वस्तुतः प्रसाद ने अपने शालीन व्यक्तित्व के अनुरूप, और सांकेतिक तथा मितकथन की शैली में अपनी रचना-प्रक्रिया पर टिप्पणी की है, जिसे कई बार सीधे अभिधात्मक रूप में ग्रहण कर लिया जाता है। विवेच्य पंक्तियों की व्यंजना मुझे तो यह लगती है कि कवि अपनी सूक्ष्म रचना-प्रक्रिया में मनु-श्रद्धा-इड़ा के 'ऐतिहासिक अस्तित्व' की अपेक्षा 'सांकेतिक अर्थ' को कुछ अधिक महत्त्व दे रहा है, और 'कथा-शृंखला' की अपेक्षा अपनी 'थोड़ी-बहुत कल्पना' के सृजनात्मक योगदान को रेखांकित

कर रहा है। इतिहास और कथा की लंबी परंपरा के समक्ष कवि अपनी विशिष्ट रचनात्मक शक्ति को इससे भिन्न किसी ढंग से बताता तो प्रगल्भता होती, जो प्रसाद जैसे सहृदय और सुसंस्कृत कवि व्यक्तित्व के अनुरूप न थी।

'कामायनी' के विधान की यह मौलिक विशेषता फिर स्मरण दिलानी होगी कि यहाँ पूरी रचना का अर्थ एक नहीं है, पर रीतिकालीन शिलष्ट काव्य की तरह दो अलग-अलग अर्थ भी नहीं हैं, वरन् एक ही अर्थ के दो स्तर अपने तनाव और संश्लेष से एक वृहत्तर अर्थ की सृष्टि करते हैं। रचना के क्षेत्र में यह अर्थ का अद्वैत है, जो छायावादी काव्य, विशेष रूप से नटराज की व्यापक, सूक्ष्म और प्रतीकात्मक परिकल्पना में पर्यवसित होने वाली कृति 'कामायनी' की विशिष्ट रचना-प्रक्रिया और उपलब्धि है। रचना में दो अर्थ-स्तरों का यह तनाव और फिर क्रमशः अद्वैत-भाव संभोग और अध्यात्म जैसी सृजन-प्रक्रियाओं के समानांतर देखा जा सकता है।

■

२

'कामायनी': पांडुलिपि संस्करण

कभी किसी समीक्षक ने किंचित् नाटकीय अंदाज़ में लिखा था कि 'कामायनी' का प्रकाशन हिंदी साहित्य की एक घटना है। 'कामायनी' के पांडुलिपि-संस्करण का प्रकाशन (१९७१ ई०) हिंदी साहित्य और उससे अधिक भारतीय प्रकाशन के क्षेत्र में एक घटना है। विदेशी साहित्यों के निकट संपर्क में रहने वालों के साक्ष्य पर तो कहा जा सकता है कि विश्व साहित्य में ही इतने महत्त्व की रचना का ऐसा महत्त्वाकांक्षी प्रकाशन अभी तक शायद नहीं हुआ। यहाँ जोड़ना होगा कि एलियट की प्रसिद्ध कृति 'द वेस्ट लैंड' की टंकित प्रति, एज़रा पाउंड के संशोधनों के साथ, इधर प्रकाशित हुई है। पर, 'कामायनी' का पांडुलिपि-संस्करण उसके यहाँ आने के पूर्व विमोचित हो चुका था। और यहाँ भी बात पहले-पीछे की नहीं है जितनी संयोग की। दो ऐतिहासिक महत्त्व की रचनाएँ अपने मूल प्रकाशन के काफी अंतराल के बाद, प्रायः साथ-साथ, अपने पांडुलिपि रूप में हमारे सामने आती हैं।

आद्योपांत प्रसाद की अपनी हस्तलिपि में होने के कारण 'कामायनी' के इस प्रस्तुतीकरण का भावात्मक मूल्य जो भी हो, वैचारिक दृष्टि से इस संस्करण के कई महत्त्वपूर्ण उपयोग हैं। सबसे पहले तो हमारा ध्यान कवि की रचना प्रक्रिया की ओर जाता है। प्रसाद ने अनेक स्थलों पर पंक्तियों को काट कर उन्हें संशोधित और परिमार्जित किया है, कहीं शब्दों को बदला है; और कहीं चरणों का क्रम उलट दिया है। कहीं-कहीं कुछ पंक्तियाँ काट ही दी हैं। इनमें कुछ प्रसंगों को उदाहरण के रूप में हम आगे लेंगे। इन अनेक परिवर्तनों में कवि की रचना-प्रक्रिया का गतिशील और व्यावहारिक रूप देखा जा सकता है। प्रसाद-साहित्य के अध्येताओं के लिए यह एक महत्त्वपूर्ण समस्या है कि वे देखें कि इन परिवर्तनों से रचना का स्वरूप किस दिशा में विकसित हुआ है। रचना के आंतरिक स्वरूप का विकास परीक्षित करने के लिए, तथा कवि की भाषा और संवेदना में अधिकाधिक संतुलन-प्रक्रिया की

गति को समझने के लिए इस पांडुलिपि-संस्करण का महत्त्व बेजोड़ है। साथ ही साथ इस प्रकाशन से 'कामायनी' के पाठ का प्रामाणिक आधार भी स्पष्ट हो जाता है।

अब हम कुछ प्रसंगों का विवेचन कवि की रचना-प्रक्रिया को समझने की दृष्टि से करना चाहेंगे। चिंता सर्ग में अतीत की स्मृतियों का पर्यालोचन करते हुए मनु देव-संस्कृति के वैभव और हास-विलास पूर्ण जीवन के बारे में सोच रहे हैं। अंत:पुर के वर्णन के प्रसंग में कवि ने पहले लिखा—

बजते थे नूपुर, झंकृत होते
कंकण हिलते थे हार।

पर बाद में इस पंक्ति को काटकर इस रूप में कर दिया, जो कि अब 'कामायनी' के वर्तमान रूप में है—

कंकण क्वणित रणित नूपुर थे
हिलते थे छाती पर हार।

यहाँ यह संशोधन जहाँ रनिवास के श्रृंगारिक ध्वन्यात्मक वातावरण को झंकृत करता है, वहीं पंक्ति की लय बहुत सुधारता है। इसी तरह श्रद्धा सर्ग में श्रद्धा के सौंदर्य वर्णन की प्रसिद्ध पंक्ति है—

रचित परमाणु पराग शरीर
खड़ा हो ले मधु का आधार।

'गठित' के स्थान पर 'रचित' रखकर प्रसाद ने सौंदर्य की सूक्ष्म प्रक्रिया को और गहरे स्तर पर साक्षात्कृत किया है। 'गठित' में कुछ स्थूलता का बोध होता है जो कि 'रचित' में एकदम नहीं है।

'गठन' से 'रचना' की ओर विकास किसी भी संवेदनशील और सजग कवि की आंतरिक शक्ति को द्योतित करता है। प्रसाद यों भी विकासशील प्रतिभा के कवि हैं। 'चित्राधार' से लेकर 'कामायनी' तक जैसे आधुनिक हिंदी कविता का समूचा इतिहास उनमें समाहित हो गया है। और अब इस पांडुलिपि-संस्करण के माध्यम से 'कामायनी' की अपनी आंतरिक विकास प्रक्रिया को अच्छी तरह समझा जा सकता है। ऐसा नहीं है कि सभी संशोधन अनिवार्यत: रचना को पहले से बेहतर बनाते हों, पर इसमें संदेह नहीं कि पांडुलिपि के परिवर्तन अधिकतर कविता के शिल्पपक्ष को परिष्कृत करते हैं। इसी क्रम में उदाहरण के तौर पर एक पंक्ति और ली जा सकती है। श्रद्धा के मान का कोमल, सुकुमार प्रसंग है—

जलदागम मारुत से कंपित
पल्लव सदृश हथेली।
अपने कर में मनु ने
श्रद्धा की धीरे से ले ली।

यह पांडुलिपि का स्थिर रूप है यद्यपि कि 'कामायनी' के वर्तमान पाठ में यह दूसरी पंक्ति इस प्रकार से नहीं है; इस समस्या पर हमें वस्तुतः अलग से ही विचार करना होगा। बहरहाल, पांडुलिपि में दूसरी पंक्ति मूल रूप में जैसे लिखी गयी थी वह इस प्रकार है—"श्रद्धा की ले अपने कर में मनु ने सहज सकेली।" यहाँ स्पष्ट ही 'सकेली' प्रयोग वातावरण की समग्र कोमलता को एक धक्का-सा देता है, और इसलिए कवि ने जो संशोधन किया है वह उसकी भाषा-निष्ठा को गहरे स्तर पर प्रमाणित करता है।

अभी तक हमने पांडुलिपि में प्राप्त संशोधनों पर विचार किया है। उससे बड़ी बात है जहाँ कवि ने पंक्तियाँ लिख कर फिर काट दी हैं। रचना के हित में अपने लिखे हुए को काटना लेखक के कलात्मक संयम को प्रकट करता है। सोचना होगा कि जिन पंक्तियों को प्रसाद काट चुके हैं उन्हें 'कामायनी' के प्रसंग में उद्धृत करना कहाँ तक न्यायसंगत है। पर इसमें कोई संदेह नहीं कि ऐसे त्यक्त अंश कवि की रचना-प्रक्रिया और उसके मानस पर बहुत सही टिप्पणी करते हैं। 'वेस्टलैंड' के पांडुलिपि-संस्करण की समीक्षा करते हुए बर्नेर्ड बर्गोंज़ी ने भी कुछ इसी तरह की शंका व्यक्त की है, "जब 'वेस्टलैंड' की पांडुलिपियाँ खोज निकाली गईं तो मुझे भय था कि वे कविता के उस रूप को कहीं आहत न कर दें जो हमारे लिए इतना अधिक परिचित रहा है", पर कृति के अंतिम निश्चित रूप से समीक्षक, वहाँ और यहाँ, आश्वस्त हो सकते हैं कि अधिकतर संशोधनों से रचना समृद्ध ही हुई है।

हाँ, तो एक उदाहरण उन पंक्तियों का देना है, जिन्हें लिख कर फिर प्रसाद ने रद्द कर दिया।

'कर्म' सर्ग के अंतिम अंश को पांडुलिपि में कवि ने पहले इस प्रकार लिखा था—

रोम रोम से चिनगारी थे
सघन जघन थहराते
वेणी शिथिल खुली पड़ती
थी पलक अश्रुझर लाते।

वंचित कौन भला करता मनु
को शारीरिक सुख से
निस्सहाय अस्वीकृति कहती
नहीं नहीं थी मुख से॥

पर बाद में कवि इन पंक्तियों को काट देता है, और अब इस सर्ग का अत्यंत सांकेतिक रूप में इस प्रकार अंत होता है—

दो काठों की संधि बीच उस
निभृत गुफा में अपने
अग्नि-शिखा बुझ गई जागने
पर जैसे सुख सपने

जो पंक्तियाँ काटी गई हैं, उनके ठीक पहले ये पंक्तियाँ हैं। यहाँ प्रसाद के रचना-मानस का बढ़िया परिचय मिलता है। शरीर के अनुभवों को प्रसाद ने अंकित किया है, 'आँसू' में, 'कामायनी' में, 'लहर' के गीतों में। पर शरीर वहाँ सर्वत्र अनुभव है, वस्तु नहीं। 'कर्म' सर्ग में जो पंक्तियाँ लिख कर प्रसाद ने काटी हैं वहाँ शरीर, अनुभव से कहीं अधिक वस्तु है। और इसीलिए उन्हें लिख कर नहीं, काट कर प्रसाद ने अपने को पहिचाना है, अपने को अधिक प्रसाद बनाया है। क्या लिखना से महत्त्वपूर्ण है क्या नहीं लिखना, और कहाँ रुक जाना। 'कामायनी' की पांडुलिपि यह अच्छा उदाहरण इस प्रसंग में प्रस्तुत करती है।

एक बात और कह कर इस प्रसंग को समाप्त करूँगा। 'कामायनी' की पांडुलिपि और उसके वर्तमान संस्करण में जगह-जगह अंतर हैं। श्रद्धा सर्ग की पंक्ति है—

यही दुख सुख विकास का सत्य
यही भूमा का मधुमय दान।

पांडुलिपि में यह पंक्ति इस प्रकार है—"यही दुख के विकास का सत्य यही भूमा का मधुमय दान।" यहाँ स्पष्ट ही दुख-सुख के द्वंद्व में विकास को, 'डाइलेक्टिक' को, परिलक्षित करना पांडुलिपि के मूल लेखन में नहीं है। इस तरह के काफ़ी छोटे-बड़े अंतर पांडुलिपि, और अंततः मुद्रित रूप के बीच मिलते हैं। इसका व्यावहारिक समाधान शायद यही है कि ये अंतिम परिवर्तन कवि ने प्रूफ़-शोधन की स्थिति में किए होंगे।

वाचस्पति पाठक का पत्र जयशंकर प्रसाद के नाम

भारती भण्डार

इलाहाबाद

ता० २३ फ० १९३७

कामायनी १ हफ्ते में भेजूँगा। पुट्ठा तैयार हो रहा है। सिलाई भी हो रही है। हो सका तो खुद लेकर हाजिर होऊँगा।

(‘प्रसाद के नाम पत्र’, १४३)